KURT THIELMANN

WO BLEIBT DIE VERNUNFT?

NACHHALTIGER SOZIALER KAPITALISMUS

novum pro

Bibliografische Information
der Deutschen Nationalbibliothek:

Die Deutsche Nationalbibliothek
verzeichnet diese Publikation in
der Deutschen Nationalbibliografie.
Detaillierte bibliografische Daten
sind im Internet über
http://www.d-nb.de abrufbar.

Alle Rechte der Verbreitung,
auch durch Film, Funk und Fernsehen,
fotomechanische Wiedergabe,
Tonträger, elektronische Datenträger
und auszugsweisen Nachdruck,
sind vorbehalten

Gedruckt in der Europäischen Union
auf umweltfreundlichem, chlor- und
säurefrei gebleichtem Papier.

© 2022 novum Verlag

ISBN 978-3-99131-372-4
Lektorat: Melanie Dutzler
Umschlaggestaltung, Layout & Satz:
novum Verlag

www.novumverlag.com

INHALTSVERZEICHNIS

A VORBEMERKUNG: EREIGNISREICHE ZEIT

Das Weltgeschehen wird seit Februar 2020 von der Corona-Krise bestimmt. Es handelt sich um eine weltweit verbreitete Pandemie, die so dominant ist, dass alle weiteren Aufgaben und Probleme in den Hintergrund verdrängt werden. Hinzu kommt, dass die Finanzkrise (2008) und die Flüchtlingskrise (2015) noch nicht überwunden sind. Der Klimawandel ist ein weiteres Problem. Das ist beängstigend und wird zunehmend zur Bedrohung. Das Vertrauen der Bürger schwindet. Wir leben in einer permanenten Krisensituation, die zu einer umfassenden Vertrauenskrise geführt hat.

Wir müssen wach werden und jetzt handeln. Wir müssen die Gegenwart in unserer Welt gestalten und das Geschehen auf dem Planeten „Erde" in eine bessere Zukunft führen, bevor es zu spät ist.

Insgesamt geht es der Menschheit derzeit so gut wie nie zuvor. Dennoch bestehen vielfältige Risiken und Gefahren, die existenzbedrohenden Charakter annehmen. Wir haben keine Zeit mehr zu verlieren. Wir müssen gestaltend eingreifen.

Die Gestaltung von oben erweist sich als zu langsam und schwerfällig. Die Organisationen auf der Weltebene sind weitgehend handlungsunfähig. Das gilt auch im Besonderen für die Europäische Union (EU). Die bestehenden übergeordneten Organisationen eliminieren sich im Innenverhältnis. Das steht in Zusammenhang mit deren Verfassung. Die Einstimmigkeit der Beschlusslage bzw. das Vetorecht einzelner Staaten verhindern die notwendigen Sachentscheidungen. Die Führung von oben funktioniert so nicht.

Also müssen wir einen anderen Weg beschreiten. Wenn wir genau hinsehen, erkennen wir, dass diese Entwicklung längst eingesetzt hat. Wir müssen die Zeichen der Zeit erkennen und das Geschehen in der Welt schneller und effektiver steuern und lenken.

Deutschland hat in seiner kurzen Geschichte eine enorme Entwicklung genommen, aber in letzter Zeit große Schwächen gezeigt. Das kann nicht auf die rechtliche Verfassung zurückgeführt werden. Im Folgenden werden einige Regeln des Grundgesetzes aufgeführt, die für die weiteren Ausführungen richtungsweisend sind:

» Art. 1: „Die Würde des Menschen ist unantastbar".)
» Art. 20: „Die Bundesrepublik Deutschland ist ein demokratischer und sozialer Bundesstaat. Alle Staatsgewalt geht vom Volke aus. Sie wird vom Volke in Wahlen und Abstimmungen und durch besondere Organe der Gesetzgebung, der vollziehenden Gewalt und der Rechtsprechung ausgeübt". Wir sind ein föderal geführter Staatenbund. Der Bund und die Länder sind für die Gesetzgebung und deren Umsetzung zuständig.
» Art. 21: „Die Parteien wirken bei der politischen Willensbildung des Volkes mit."
» Art. 38: „Die Abgeordneten des Deutschen Bundestages werden in allgemeiner, unmittelbarer, freier, gleicher und geheimer Wahl gewählt".

Hier stellt sich die Frage, ob die Wahl von Abgeordneten über die Zweitstimme und die Parteiliste in Verbindung mit dem Fraktionszwang der Parteien noch mit dem Grundgesetz zu vereinbaren ist. Was ist hier „unmittelbar"? Der einzelne Wähler fühlt sich hier nicht mehr mitgenommen.

Parteilisten und Fraktionszwang führen zu Machtpolitik und Machterhaltung. Die parteigeführten Organe handeln nur immanent innerhalb des bestehenden Systems. Wahlpolitik geht vor Sachpolitik. Keiner sägt den Ast ab, auf dem er sitzt. Hier liegt die Ursache für die zuletzt aufgetretenen Schwächen. Hier müssen wir ansetzen.

Die Corona-Krise wird uns noch längere Zeit begleiten. Die Infektionszahlen schwanken, gleichzeitig breiten sich die gefährlicheren Mutationen zunehmend aus. Wir führen einen Wettlauf mit der Zeit. Selbst wenn wir in Deutschland die Entwicklung in den Griff bekommen, ist die Krise nicht vorüber. Deutschland befindet sich in einer Sonderstellung. Trotz aller Kritik haben wir noch immer eine gute Position im Vergleich zu Europa und der Welt. Die Corona-Krise ist aber ein Problem, das die ganze Welt betrifft.

Wir befinden uns in einer ereignisreichen Phase der Zeitgeschichte. Am 17. Januar 1871, vor 150 Jahren wurde im Schloss Versailles in Paris das Deutsche Reich gegründet. Es war die Geburtsstunde von „Deutschland". 25 Vertreter deutschsprachiger Länder und Städte waren nach Paris gereist, um an diesem Ereignis teilzunehmen. Am Tag danach wurde Wilhelm der I. von Preußen zum „Deutschen Kaiser" ernannt. Das junge Deutschland war ein Kaiserreich und ein Bundesstaat zugleich. Vorgänger waren eine Zollunion und der Norddeutsche Bund, dem zu dieser Zeit auch Österreich angehörte.

Bei der Gründung des Deutschen Reiches schied Österreich aus. Hingegen wurde Elsass-Lothringen dem Deutschen Reich zugeordnet. Es war ein folgenschwerer Geburtsfehler. Frankreich konnte sich mit dieser Zuordnung nicht anfreunden. Eine jahrzehntelange Feindschaft zwischen Frankreich und Deutschland war die Folge.

Die unterschiedlichen Interessen der europäischen Staaten in der Zeit des Kolonialismus kamen hinzu.

Die junge Geschichte Deutschlands kann in zwei Abschnitte von jeweils 75 Jahren eingeteilt werden: Das Gedankengut der Französischen Revolution (Freiheit, Gleichheit; Brüderlichkeit) und der amerikanischen Unabhängigkeitserklärung konnte sich in Deutschland zunächst nicht durchsetzen. Es folgten Jahre des Absolutismus während der Kaiserzeit und des Nationalsozialismus – mit nur kurzer Unterbrechung durch die Weimarer Republik.

Sowohl die ersten Jahre des Deutschen Reiches als auch der gesamte zweite 75-jährige Zeitabschnitt der Geschichte Deutschlands sind, wirtschaftlich betrachtet, ausgesprochene Erfolgsgeschichten. Während in der ersten Phase der Reichskanzler Otto von Bismarck über einen längeren Zeitraum die Fäden in der Hand hielt und u. a. eine Sozialgesetzgebung auf den Weg brachte, waren nach 1945 ein freiheitlicher, demokratischer Rechtsstaat und die Soziale Marktwirtschaft die Basis für den erfolgreichen Verlauf.

Seit Jahresbeginn 2020 wird das Weltgeschehen durch die Corona-Pandemie beherrscht. Ausmaß und unmittelbare Folgen verdrängen alle anderen Aufgaben und Probleme. Nachdem die Pandemie im Sommer des vergangenen Jahres im Abklingen war, sind wir ab Herbst vergangenen Jahres wieder mit steigenden Infizierungen und Todesfällen konfrontiert. Die politischen Instanzen haben im November zunächst auf einen gemäßigten Lockdown gesetzt und im Dezember auf einen harten Lockdown gewechselt. Dieser wurde inzwischen mehrfach modifiziert und verlängert. Das Corona-Virus ist über Mutationen von der 2. Welle in eine 3. Welle übergewechselt. Wir sind noch lange nicht am Ende angekommen. Die 3. Welle der Corona-Krise mit wesentlich stärkerer Ansteckungsgefahr ist weltweit noch nicht gebannt. Wollen wir hoffen, dass der Engpass bei der Lieferung der Impfstoffe bald überwunden wird. Weitere Vorsicht ist geboten.

In den USA ist inzwischen die Amtsübergabe an den neugewählten Präsidenten Joe Biden erfolgt. Große Hoffnungen kommen auf. Der neue Präsident hat am ersten Tag verkündet, dass die USA dem Klimaabkommen von Paris wieder beitreten werden. Weitere schnelle Maßnahmen sind veranlasst – ein verheißungsvoller Anfang. Es wird entscheidend darauf ankommen, ob der neue Präsident die gespaltene US-amerikanische Gesellschaft wieder zusammenführen und die internationalen Beziehungen der USA in eine neue Zukunft lenken kann. Die anstehenden Probleme der Welt können nur gemeinsam gelöst werden. Einen erneuten kalten Krieg, diesmal zwischen den USA und China, können wir uns nicht leisten. Es geht um schnelle Lösungen für die Welt.

In Deutschland finden die nächsten Wahlen im September 2021 statt. Der Wahlkampf hat bereits eingesetzt. Der Streit der Parteien untereinander und in deren Innenverhältnis beherrscht das Geschehen zunehmend.

Es geht aber um ein Sachprogramm, das Deutschland, Europa und die Welt in eine gesicherte Zukunft führt.

Der Generalsekretär der Vereinten Nationen, die Präsidentin der Europäischen Kommission, der Präsident des Europäischen Rates, der französische Staatspräsident, die deutsche Bundeskanzlerin und der Präsident Senegals haben zu einem Gedankenaustausch aufgerufen: „Die Welt wird nach Corona eine andere sein. Lassen Sie uns diese Herausforderungen mit einer klaren Zukunftsvision bewältigen. Wir laden Führungspersönlichkeiten aus Politik, Wirtschaft, Religion und anderen Bereichen ein, sich an diesem globalen Gedankenaustausch zu beteiligen." (Siehe FAZ v.03.02.21: „Mit multilateraler Kooperation die Krisen überwinden")

Gedankenaustausch ist nicht genug. Wir brauchen klare Konzepte für viele Bereiche und müssen diese umgehend umsetzen. Visionen für die Zeiträume bis 2035 und 2050/2060 reichen nicht. Es geht um konkrete Umsetzung, um die politische „Exekutive" in allernächster Zeit.

Da die Erneuerung von internationalen Institutionen nicht vorankommt, muss die Initiative von der Basis ausgehen. Deutschland hat zurzeit eine Sonderstellung, die eine Führungsverantwortung einschließt. Die Freundschaft mit Frankreich ist eine gute Ausgangsposition für ein gemeinsames Vorgehen in Europa. Nehmen wir alle Staaten Europas mit, die bereit sind, mitzumachen. Neben der Währungsunion kann die Europäische Union auch noch eine weitere Teilorganisation, die „Vereinigten Staaten Europas", gestalten. Es sind alle die Staaten, die bereit sind, Europa eine eigenständige Position mit entsprechender Verantwortung zu übertragen. Dieser Ansatz geht weit über eine einheitliche Währung hinaus. Er erfordert die Bereitschaft, gewisse staatliche Rechte der gemeinsamen Entscheidung zu unterstellen. Das ist nur in Einzelschritten umzusetzen. Eine

„Revolution" ist keine Lösung. Fangen wir an! Gestalten wir die Rahmenbedingungen auf europäischer Ebene. Die Umsetzung kann einzelnen Staaten bzw. einschlägigen Institutionen übertragen werden oder bei den Einzelstaaten verbleiben.

Der „Staatskapitalismus" der östlichen Welt entspricht nicht unseren kulturellen Ansprüchen. Die Menschenrechte sind unverzichtbar. Der „Neoliberalismus" US-amerikanischer Prägung, der in der westlichen Welt vorherrscht, hat inzwischen Formen angenommen, die nicht zukunftsfähig sind. Fehlentwicklungen und Übertreibungen führen in die falsche Richtung.

Europa muss den Mut haben, eine eigene geopolitische Position zu gestalten und einzunehmen. Dabei sollte die Zugehörigkeit zur westlichen Welt nicht infrage stehen, aber ein gewisses Maß an Eigenständigkeit angestrebt werden. Wir brauchen eine entsprechende zukunftsweisende Vision und sollten umgehend mit der Umsetzung eines konkreten Konzeptes beginnen. Nicht nur „Führungspersönlichkeiten" sind aufgefordert, mitzumachen. Jeder Bürger hat das Recht und die Pflicht, sich seinen Fähigkeiten entsprechend einzubringen. Die Mitte der Bevölkerung bilden die Menschen, die „mitmachen". Setzen wir die Bürger in die Lage, verstärkt mitmachen zu können. Die Bürger sind mündiger geworden. Wer den arbeitenden Mitbürger als „Kostenfaktor" einstuft, wird der Würde des Menschen nicht gerecht.

Der Tittel dieses Buches lautet:
„Wo bleibt die Vernunft"
„Nachhaltiger, Sozialer Kapitalismus"
Nach einer einführenden Analyse des aktuellen Geschehens in der Welt folgen basisorientierte Informationen. Das Hauptthema des Buches ist auf einen wirtschaftspolitischen Reformvorschlag ausgerichtet, der die „soziale Komponente" und die „Nachhaltigkeit" einschließt. Die Grundordnung des Kapitalismus als politisch/wirtschaftlicher Systemgedanke wird grundsätzlich nicht infrage gestellt. Es bedarf aber einer neuen inhaltlichen Bestimmung der elementaren Begriffe:

Gewinn – Eigentum – Kapital

B RÜCKBLICK AUF DIE GESCHICHTE VON DEUTSCHLAND

Deutschland ist ein sehr junger Staat. 150 Jahre sind bezogen auf die Weltgeschichte ein äußerst geringer Zeitraum.

Das Adjektiv „deutsch" kommt hingegen schon einige Jahrhunderte früher vor. Es wird erstmals als Gesamtbezeichnung für die germanischen Hauptstämme, die eine gemeinsame Sprache sprechen, im Mittelalter, im 8. Jahrhundert, erwähnt. Es war zu dieser Zeit kein deutsches Volk und kein deutsches Land vorhanden. Der ursprüngliche Vorgänger Deutschlands war das „Fränkische Reich". Es bildete die Grundlage für die politische und kulturelle Entwicklung des Abendlandes im Mittelalter. Das Fränkische Reich erreichte seine größte Ausdehnung unter Kaiser Karl dem Großen (800 n. Chr.). Das Gebiet reichte aus heutiger Sicht von Frankreich bis Deutschland und von Italien bis Holland. Es entsprach in etwa dem Gebiet der Europäischen Wirtschaftsgemeinschaft (EWG, Vertrag von Rom, 25. 03.1957).

Das Fränkische Reich wurde 843 n. Chr. unter der Herrschaft von Ludwig dem Frommen auf seine drei Söhne aufgeteilt: Westfranken (Frankreich). Ostfranken (Deutschland), Italien und Burgund (Italien, Belgien Luxemburg, Holland). Ostfranken setzte sich in der Folgezeit aus vielen Einzelstaaten (Fürsten- und Herzogtümer, Königreiche und Erzbistümer) zusammen. Viele interne Kriege fanden statt.

Besonders hervorzuheben sind der Dreißigjährige Krieg von 1618 bis 1648, die drei Schlesischen Kriege, die Friedrich der Große, König von Preußen, in der Zeit von 1740 bis 1763 gegen Österreich führte und die Kriegszüge von Napoleon (französischer Kaiser in der Zeit von 1804 bis 1814/15), die ihn bis nach Russland führten und in einer vernichtenden Niederlage gegen Preußen und Österreich (1813: Völkerschlacht bei Leipzig) endeten. Die Verbündeten drangen anschließend bis nach Frankreich vor und stürzten ihn vom Thron. Die folgenden Friedensverhandlungen des „Wiener Kongresses" im Jahr 1815 brachten eine Neuordnung in Europa. Preußen, Österreich und Russland waren die Nutznießer.

Der Zeitraum von 1789 bis 1919 war in Europa trotz der Französischen Revolution die Zeit des Absolutismus. Deutschland ging in dieser Zeit aus Preußen und dem Norddeutschen Bund (1850) hervor. 1866 wurden zunächst Schleswig-Hollstein, Hannover, Hessen-Kassel, Nassau und Frankfurt/Main Preußen zugeteilt. Österreich schied aus dem Norddeutschen Bund aus.

Am 17./18. Januar 1871 wurde während des Deutsch-Französischen Krieges von 1870/71 im Schloss von Versailles, in Paris, das Deutsche Reich gegründet und Wilhelm der I. zum Deutschen Kaiser ernannt.

Eine positive Entwicklung in allen Bereichen stellte sich bald ein. Deutschland verwandelte sich vom Agrarland zur führenden Industrienation. Zunächst die Stahlindustrie und einige Jahre später die Elektrotechnik, die Chemie und auch der Automobilbau trugen zum Aufschwung bei. Die Elektrifizierung der Großstädte und der Eisenbahnbau waren wichtige Betätigungsfelder. Eine kluge Bildungs-, Hochschul- und Forschungspolitik mit besonderer Betonung der Naturwissenschaften brachte die notwendige Unterstützung. Bismarcks Sozialgesetze (Krankenversicherung von 1883, Unfallversicherung von 1884 und Altersversicherung von 1889) waren wichtige Begleitmaßnahmen. Eine geschickte Bündnispolitik mit europäischen Staaten wirkte unterstützend. In den Nachbarländern England und Frankreich sah man die positive Entwicklung in Deutschland kritisch. Die eingeführte, ursprünglich negative Produktkennzeichnung „Made in Germany" wandelte sich schnell in ein Gütesiegel für hohe Qualität. Die ersten 40 Jahre können durchaus als „erstes deutsches Wirtschaftswunder" eingestuft werden. Im März 1890 trat Bismarck als Reichskanzler zurück. Das hatte einen ersten Einschnitt zur Folge. Die Verbündeten wandten sich nach und nach von Deutschland ab. Ein abruptes Ende brachte der I. Weltkrieg (1914–1918).

Die Sozialdemokraten erhielten im Zuge der fortschreitenden Industrialisierung zunehmenden Zuspruch aus der wachsenden Gruppe der Industriearbeiter. Ein äußerer Anlass, die Ermordung des österreich-ungarischen Thronfolgers in Sarajewo, löste schließlich den Ausbruch des I. Weltkrieges aus. Am 28. Juli 1914 erklärte Österreich den Krieg gegen Serbien. Es folgte am 1. August 1914 Deutschland mit der Kriegserklärung an Russland, das auf der Seite von Serbien stand und eine allgemeine Mobilmachung eingeleitet hatte. Am 3. August 1914 folgte die Kriegserklärung Deutschlands an Frankreich. England nahm am 4. August 1914 den Einmarsch der deutschen Armee in Belgien zum Anlass, Deutschland den Krieg zu erklären. Der I. Weltkrieg nahm seinen Verlauf. Nach anfänglichen Erfolgen trat mit dem Einstieg der Vereinigten Staaten Amerikas eine Wende ein. In Russland führte die Revolution von 1917 zum Ende der Kriegshandlungen. Im Westen endete der Krieg mit einer vernichtenden Niederlage Deutschlands. Die Friedensverhandlungen starteten am 19. Januar 1919 in Versailles. Sie zogen sich bis Mitte des Jahres hin. Die Kriegsschuld wurde allein Deutschland zugeordnet. Hohe Reparationszahlungen über viele Jahre und erhebliche Gebietsverluste waren die Folge. Elsass-Lothringen ging zurück an Frankreich. Gebietsverluste im Osten kamen für Deutschland hinzu.

Der Deutsche Kaiser Wilhelm der II. trat zurück und ging ins Exil nach Holland. Es folgte die Weimarer Republik. Am 14. August 1919 trat die Weimarer Reichsverfassung in Kraft. Deutschland war ein demokratisch-parlamentarischer und föderativer Rechtsstaat, der auf der Gewaltenteilung aufbaute. Die Sozialdemokraten hatten im Reichstag die Mehrheit und übernahmen die Regierung. Es folgte eine Zeitphase der Schwäche und der Katastrophen. Die Finanzkrise (Inflation) von 1923 und die Wirtschaftskrise von 1929/30 sind hier zu nennen. Gegenkräfte bildeten sich auf der rechten und der linken Seite. Der Nationalismus und der Kommunismus erstarkten in Deutschland. Im Jahr 1933 brach die Weimarer Republik zusammen. Die Nationalsozialisten übernahmen die Macht. Die Diktatur kam zurück. Die Grenzstreitigkeiten im Osten führten am 1. September 1939 zur Kriegserklärung an Polen. Am 10. Mai 1940 begann der Angriff im Westen. Der II. Weltkrieg hatte begonnen und nahm seinen verheerenden Verlauf.

Die Kriegshandlungen endeten am 8. Mai 1945 mit dem totalen Zusammenbruch und der Kapitulation des Deutschen Reiches. Die Siegermächte teilten das weitgehend zerstörte Land in vier Besatzungszonen auf. Am 20. Juni 1948 erfolgte die Währungsreform. Die Deutsche Mark (DM) löste die Reichsmark (RM) ab. Im Jahr 1949 schlossen sich die drei westlichen Zonen zur Bundesrepublik Deutschland zusammen. Die sowjetische Besatzungszone wurde in „Deutsche Demokratische Republik" (DDR) umbenannt. Die Bundespolitik war ein demokratisch-freiheitlicher Rechtsstaat. Die DDR wurde „demokratisch" genannt.

Die neue politische und wirtschaftliche Grundordnung wurde mit dem Begriff „Soziale Marktwirtschaft" belegt. Es wurde zur Erfolgsgeschichte. Ein zweites „Wirtschaftswunder" stellte sich ein.

Die Verfassung der Bundesrepublik Deutschland, das Grundgesetz, wurde am 23. Mai 1949 eingeführt. Die Bundesrepublik ist ein Rechtsstaat. Die Ausübung des Rechts unterliegt der Gewaltenteilung (Legislative, Exekutive, Judikative). Gesetzgebung, deren Umsetzung und Rechtsprechung sind im Grundgesetz geregelt. Die Bundesrepublik ist ein demokratischer, parlamentarischer, sozialer Staat. Die Staatsgewalt geht vom Volk aus und wird durch Wahlen und Abstimmungen ausgeübt. Die Bundesrepublik ist ein repräsentativer, föderaler Staat.

Die Menschenrechte sind im Grundgesetz zugesichert. Das Gedankengut der Aufklärung, das als vernünftig und zweckmäßig Erkannte gegenüber dem geschichtlich überlieferten Zustand zur Geltung zu bringen, ist im Grundgesetz verankert. Die Ansätze der Französischen Revolution wurden verfassungsmäßig erfasst.

Entscheidend zu dem Erfolg und dem erreichten Wohlstand haben die in Deutschland lebenden Bürger mit ihrem individuellen Leistungsvermögen beigetragen. Dabei darf nicht vergessen werden, dass uns die Siegermächte nach dem Krieg freundlich unterstützt haben. Es begann mit dem Marshall-Plan der USA und der Luftbrücke nach Berlin. Am 18. Januar 1951 wurde die Montan-Union in Paris gegründet. Es folgte im Jahr 1957 die Gründung der „Europäischen Wirtschaftsgemeinschaft" (EWG). Frankreich, Deutschland, Italien, Holland, Belgien und Luxemburg gehörten ihr an.

Über allem steht die Aussöhnung zwischen Frankreich und Deutschland. Am 22.Januar 1963 unterzeichneten de Gaulle und Adenauer den Deutsch-Französischen Vertrag über die Zusammenarbeit beider Länder, der als Friedensvertrag bezeichnet wird.

Schließlich gelang im Jahr 1989 die Wiedervereinigung Deutschlands mit nicht zu unterschätzender Unterstützung Russlands.

Am 1. November 1993 folgte die Gründung der „Europäischen Union", der inzwischen 27 Länder angehören. 17 Länder gehören der Währungsunion an. Zum Jahresende 2020 ist Großbritannien aus der Union ausgetreten. Ein Brexit-Abkommen konnte in letzter Minute abgeschlossen werden. Viele Fragen sind noch offen und bedürfen einer Regelung.

Über allem steht, dass wir über 75 Jahre keinen Krieg in Deutschland erlebt haben.

Die Europäische Union ist für Europa und die westliche Welt unverzichtbar. Nur gemeinsam sind wir stark. Es ist noch manches zu gestalten. Packen wir es an.

Die obigen Ausführungen knüpfen an die Ausführungen über die deutsche Geschichte und den I. und II. Weltkrieg, dargestellt im Neuen Brockhaus, herausgegeben 1960, an.

C WICHTIGE ZEITABSCHNITTE UND AKTUELLE EREIGNISSE

I. 150 Jahre Deutschland

Am 19. Januar 2021 besteht Deutschland 150 Jahre. Bezogen auf die Weltgeschichte ist das ein äußerst kurzer Zeitraum. Was die Deutschen bewogen hat, den Gründungsakt Deutschlands zu jenem Zeitpunkt in Paris vorzunehmen, kann nur mit dem speziellen Verhältnis der beiden Staaten zueinander erklärt werden. Der Deutsch-Französische Krieg von 1870/71 war seinerzeit noch nicht beendet. Paris war eingenommen und besetzt. Eine Zerstörung war nicht vorgesehen. Der Triumpf sollte ausgekostet werden. Die Rückgliederung von Elsass-Lothringen ins Deutsche Reich war ein unfreundlicher Akt, der von französischer Seite nicht akzeptiert wurde. Die feindselige Einstellung beider Staaten setzte sich fort.

Für Deutschland war die Zusammenführung der einzelnen politisch selbstständigen Regionen ein glückliches Ereignis. Es war die Ausgangsbasis für eine insgesamt positive Entwicklung. Zunächst lebte der Absolutismus weiter fort. König Wilhelm der I. wurde zum Kaiser von Deutschland ernannt. Unter der strengen Führung von Reichskanzler Otto von Bismarck nahm Deutschland einen schnellen wirtschaftlichen Aufschwung. Der Wandel vom Agrarland zum Industriestaat vollzog sich in schnellen Schritten. Rückblickend kann von einem „1. Wirtschaftswunder" gesprochen werden. Deutschland war ein Bundesstaat. Viele neue Gesetze begründeten einen Ordnungsrahmen, der eine erfolgreiche wirtschaftliche Entwicklung ermöglichte. Deutschland konnte in kurzer Zeit zu den führenden europäischen Ländern aufschließen.

Der I. Weltkrieg brachte einen ersten Einschnitt in diese positive Entwicklung. Er endete mit einer vernichtenden Niederlage Deutschlands. Die Friedensverhandlungen fanden erneut im Schloss von Versailles in Paris statt. Der deutsche Kaiser dankte ab und ging ins Asyl nach Holland. Der Friedensschluss war mit Reparationszahlungen und Landverlusten verbunden. Unter anderem ging Elsass-Lothringen wieder an Frankreich.

Die Weimarer Republik folgte. Sie stand von Anfang an unter einem schlechten Stern. Die Inflation von 1923 und die Wirtschaftskrise von 1929 waren Spätfolgen in dieser Zeit. Sie endete mit der Machtübernahme der Nationalsozialisten in der Diktatur.

II. Gedanken zum II. Weltkrieg (Beginn vor 80 Jahren)

Am 01. September 1939 vor über 80 Jahren begann der II. Weltkrieg, einer der schrecklichsten Kriege der Menschheitsgeschichte. Fernsehen und Presse sind voller rückblickender Berichte. Auch für mich ist dies ein Zeitpunkt des Innehaltens und der Rückbesinnung. Ich lebe im 85. Lebensjahr. Ich habe den II. Weltkrieg zwar noch in meinen Kindesjahren bewusst miterlebt, habe aber nie in den Krieg ziehen müssen – was für ein glücklicher Umstand. Möge es auch in der restlichen Zeit so weitergehen und unsere Region von Kriegen verschont bleiben.

Die zurückblickende Berichterstattung zeigt allzu deutlich, mit welcher Unbekümmertheit und Brutalität die deutsche Wehrmacht in Polen eingefallen ist und gehandelt hat. Nahezu unvorstellbar, wie weit sich das Gruppenverhalten von der unbestritten vorhandenen geistigen, sozialen Grundeinstellung des Einzelnen entfernen kann und wie sehr der Einzelne durch das Gruppenverhalten fremdbestimmt werden kann.

Für mich ist es unvorstellbar, mit welcher Nonchalance nach 80 Jahren, am 1. September 2019, dem Primat der Politik über Demokratie und Rechtsstaatlichkeit das Wort geredet werden kann und Zustimmung erteilt wird. Haben in den letzten beiden Jahrtausenden die Christlich-Katholische Religion, die

Reformation und die Aufklärung in der westlichen Welt so wenig bewirkt?

Genauso unverständlich ist für mich, wie das deutsche Volk, richtiger: die politische Führung, aus reinem Machtdenken einen solchen unsinnigen Krieg entfachen konnte. Das ist nie wieder gut zu machen. Der deutsche Bundespräsident hat bei seiner Reise nach Polen anlässlich des 80-jährigen Gedenkens die richtigen Begriffe gewählt, als er von Vergebung und Gnade sprach.

III. 75 Jahre Frieden

Am 8. Mai 1945 endete der II. Weltkrieg mit der bedingungslosen Kapitulation der Deutschen Wehrmacht. Seit diesem Zeitpunkt sind nunmehr 75 Jahre vergangen. Es waren Jahre des Friedens für Deutschland. Welch ein Glück für unser Volk. Die Besatzungsmächte, insbesondere die westlichen drei Staaten (USA, Frankreich und England) haben hierzu wesentlich beigetragen. Sie haben sich nicht lange als Siegermächte verhalten. Sie haben bald mit unterstützenden Maßnahmen zur Seite gestanden.

Zunächst kam kein Friedensvertrag zustande, sondern nur ein Viermächteabkommen. Versuche zur Wiedervereinigung der Besatzungszonen scheiterten. Die drei westlichen Zonen und die sowjetische Zone nahmen eine getrennte Entwicklung, die mit den Währungsreformen im Juni 1948 zur Spaltung führte. Im Mai 1949 wurde das Grundgesetz für die Bundesrepublik verabschiedet. Die Präambel beginnt mit dem Appell an das deutsche Volk, die Einheit und Freiheit Deutschlands zu vollenden.

IV. 30 Jahre deutsche Wiedervereinigung

Nach vielen Jahren der Verweigerung trat im Jahre 1989 eine entscheidende Wende auf russischer Seite ein. Sie stand in Zusammenhang mit dem Zusammenbruch der Sowjetunion. Viele

Bürger der Deutschen Demokratischen Republik, der ehemaligen sowjetischen Besatzungszone, weilten in der Botschaft in Prag.

Massendemonstrationen der Bürger der DDR waren vorausgegangen. Sie leiteten nach 40 Jahren den Fall der Berliner Mauer am 9. November 1989 ein. Der Außenminister der Bundesrepublik, Friedrich Genscher, reiste nach Prag und verkündete die freie Ausreise den Bürgern der DDR mit. Am 1. Juli 1990 übernahm die DDR das westdeutsche Wirtschaftssystem. Am 3. Oktober 1990 wurde die Wiedervereinigung vollzogen. Wir sollten nicht vergessen, dass diese glückliche Fügung durch die freundliche Unterstützung der sowjetischen Regierung unter Führung von Gorbatschow zustande kam. Deutschland war geeint. Der Sitz der Regierung wurde nach Berlin verlegt. Der Kalte Krieg zwischen Russland und den USA fand ein Ende.

V.   Aktuelle Ereignisse im Jahr 2020

1   Februar 2020: (Wahlen in Thüringen)

In Thüringen ist erstmals ein Ministerpräsident mit den Stimmen der AfD (Alternative für Deutschland) gewählt worden.

Ausgehend von der Position, dass es in solchen Situationen um die Macht geht, liegt der Schluss nahe: Die gewollte Variante ist eingetreten. Die Annahme der Wahl durch den Fraktionsvorsitzenden der FDP, Herrn Kemmerich, ist insofern zunächst folgerichtig. Es war der Weg, um die rot/rot/grüne Minderheitsregierung im 3. Wahlgang zu verhindern.

Das anschließende direkte Eingreifen der Kanzlerin von Südafrika aus und ihre Aussage „Jeder wusste, dass die AfD-Finte im Raum stand." zeigen, wer die Fäden zieht. Der Schatten der Kanzlerin ist übermächtig. Auch sie wusste es und hat dies nicht verhindert.

Die Parteivorsitzende der CDU, Annegret Kramp-Karrenbauer, hat ihren Anspruch auf die Kanzler-Kandidatur im Nachgang zur Verfügung gestellt.

Der Ministerpräsident von Thüringen ist inzwischen nach wenigen Tagen ebenfalls zurückgetreten.

Dass bei der Neuwahl ein parteiloser Dorfbürgermeister als Kandidat auftritt, der von der ihn aufstellenden Partei, der AfD, nicht gewählt wird, ist äußerst sonderbar. Sind wir in einer „Bananenrepublik" angelangt? Hier geht jede „Glaubwürdigkeit" verloren.

Diese Situation ist in unserem Land deutlich erkennbar. Die Kanzlerin ist zudem bemüht, ihre politische Position zu wahren und bis zum Ende der Legislaturperiode zu halten. Der tägliche Parteienstreit bei der Umsetzung des Koalitionsvertrages lässt aber die Strukturen der Parteienlandschaft mehr und mehr verwischen. Die „Identität" leidet. Die Wählerschaft fühlt sich nicht angesprochen und nicht mitgenommen. Sie wendet sich zunehmend enttäuscht ab.

Wir befinden uns in einer ausgeprägten politischen Krise. Die ursprüngliche „Mitte" der Wählerschaft ist für die beiden „Volksparteien", die CDU/CSU und die SPD, weitgehend verloren gegangen. Die Ursachen reichen weit zurück. Der „Thüringer Eklat" ist nur der bisher letzte Schritt.

Wir haben nicht nur eine personelle Krise. Es geht primär um die Sache, um viele für die Zukunft ungelöste, existentielle Probleme. Ein „Weiter so" kann und darf es nicht geben. Es geht nicht nur um Personen und Zeiträume. Wir brauchen „zukunftsfähige" Programme.

Die CDU/CSU und die SPD als Volksparteien müssen den Kern ihrer Wählerschaft, die „Mitte der Gesellschaft", mit einem neuen Inhalt füllen. Für die CDU/CSU verliert das „C" (Christlich) mehr und mehr an Substanz. Die SPD verliert die Arbeitnehmerschaft mehr und mehr aus den Augen.

Wir brauchen strategische, zukunftsfähige Grundentscheidungen, die systemändernde Elemente nicht ausschließen. Offensichtliche Fehlentwicklungen sollten schnellstens abgestellt werden. Die Übernahme des Ratsvorsitzes in der EU wäre der richtige Zeitpunkt für Deutschland gewesen, die Initiative zu ergreifen. Die Regierung und die Parteien sind im Zugzwang.

Wer sich um den Parteivorsitz und die Kanzlerkandidatur bemüht, sollte der Wählerschaft sein Konzept in den Grundzügen vorstellen. Wir Wähler wollen die Katze nicht im Sack kaufen!

Wir müssen auf zahlreichen Problemfeldern schnell zum grundsätzlichen Handeln schreiten. Wenn keine regierungsfähigen Mehrheiten bei Wahlen zustande kommen, ist es zu spät.

Die Zukunft der politischen Parteienlandschaft betrifft uns alle. Die repräsentative Demokratie macht nur Sinn, wenn der einzelne Wähler eine Chance hat, von einer Partei hinreichend vertreten zu werden und sich mitgenommen zu fühlen. Diese „Identität" ist dringend zu verbessern und neu zu gestalten.

Die arbeitende Bevölkerung gehört zur Mitte der Gesellschaft!

2 US-amerikanische Manager stellen „Shareholder-Value Prinzip" infrage

Im August 2020 schlagen 200 leitende Manager US-amerikanischer Unternehmen, die im „Business Round Table" zusammengefasst sind, den Übergang vom „Shareholder-Value Prinzip" des neoliberalen Kapitalismus zum „Stakeholder Prinzip", die Wahrung der Interessen mehrerer Gruppen, vor. Das ist ein Grundsatz, der in den Wirtschaftswissenschaften weltweit schon lange anerkannt ist. Die Initiative wird mit der gewandelten gesellschaftlichen Stimmungslage begründet. Das ist ein interessanter Ansatz. Er weist auf das nahende Ende des neoliberalen Kapitalismus hin, wie er zurzeit in der westlichen Welt vorherrscht. Dieser hat einige grundsätzliche Schwächen. Er wird meines Erachtens in der derzeitigen Struktur nicht überleben. Dieser Ansatz wird an späterer Stelle wieder aufzugreifen sein.

3 November 2020: Präsidentschaftswahlen in den USA

In den USA haben am 3. November die Präsidentschaftswahlen stattgefunden. Nach mehreren Tagen der Auswertung der Briefwahlen steht endlich das vorläufige Endergebnis fest. Der Herausforderer Biden führt mit gutem Vorsprung. Er hat sich zum Wahlsieger erklärt. Präsident Trump erweist sich als „schlechter Verlierer". Er gibt seine Niederlage nicht zu. Im Gegenteil, er hat sich während der Auszählung zum Sieger erklärt, spricht von Wahlbetrug und kündigt rechtliche Schritte an. Beweise hat er bisher nicht vorgelegt. Ein Kuriosum ist eingetreten. Präsident Trump hat mehr Stimmen erhalten als jeder Präsident der Vereinigten Staaten bevor. Trotzdem hat er die Wahlen nicht gewonnen. Sein Herausforderer hat noch mehr Stimmen erhalten. Er gewann 74 Millionen Stimmen, 3 Millionen mehr. Das ist der hohen Wahlbeteiligung zuzuschreiben und hat für Biden zu einem hohen Vorsprung bei den Wahlmännern für das Repräsentantenhaus geführt. Die Situation stellt sich für Biden positiv dar. Viele Regierungen haben Biden bereits ihre Glückwünsche übermittelt, so auch die Mitglieder der deutschen Regierung. Nur China und Russland halten sich zunächst zurück. In Europa wird der Wahlausgang allgemein positiv beurteilt. Man erwartet viele positive Veränderungen in den USA, ist sich aber auch im Klaren, dass Europa mehr leisten muss.

Die Zeit ist weiter vorangeschritten. Es ist Mittwoch, der 25. November 2020. Die allgemeine Lage hat sich zum Guten gewandelt. Donald Trump hat aufgegeben, gibt aber noch immer nicht zu, dass er verloren hat. Die Überleitung der Geschäfte ist freigegeben. Erste kluge Personalentscheidungen werden angezeigt (Blinken als Außenminister, Yellen als Finanzministerin und Kerry als Beauftragter für Klimapolitik). Es wird eine positive Entwicklung erwartet. Es wird ein langer Weg durch die Instanzen werden. Trump wird ein „schlechter Verlierer" bleiben.

4 *Weihnachten 2020: Brexit-Abkommen*

Eine weitere positive Nachricht verkündet, dass in aller letzter Sekunde doch noch ein Brexit-Abkommen zwischen Großbritannien und der Europäischen Union zustande gekommen ist. Die Europäischen Staaten (27 Länder) und das englische Parlament müssen noch zustimmen. Hiermit wird kurzfristig, bis zum Jahresende, gerechnet. Hoffentlich kommt es zu einem positiven Abschluss, damit ein größerer wirtschaftlicher Schaden für alle vermieden werden kann. Es gibt wahrlich schon genügend ungelöste Probleme auf der Welt.

Die ruhigen und besinnlichen Feiertage werden uns neue Erkenntnisse bringen. Vieles wird nicht mehr so sein wie bisher. „Weniger ist mehr"! Mehr Konsum und mehr Wachstum können keine dauerhaften Ziele für die Zukunft sein. Mehr Nachhaltigkeit ist gefragt. Gesundheit, Klima und Umweltschäden bedürfen einer größeren Beachtung. Die politischen Institutionen auf der ganzen Welt sollten endlich bereit sein, systemändernde Schritte in ihre Entscheidungen einzubeziehen. Bisher sind viele Systeme an den eigenen Übertreibungen gescheitert. Das wird, so befürchte ich, leider auch in der Zukunft so sein.

5 Gedanken zum Jahresende

Das Ende der ersten 20 Jahre des Dritten Jahrtausends ist erreicht (31. Dezember 2020). Es war eine ereignisreiche, schwierige Zeit. Das Jahr 2020 war besonders turbulent. Viele Dinge konnten noch auf den Weg gebracht werden. So wurden die ersten Impfstoffe für das COVID-19-Virus auch für Deutschland freigegeben. Erste Impfungen erfolgten ab Weihnachten in der Europäischen Union und damit auch bei uns. Das Brexit-Abkommen zwischen der EU und Großbritannien kam zustande. Die EU-Staaten haben zugestimmt.

Ein Handelsabkommen zwischen der EU und China wurde in letzter Stunde vereinbart.

Zwei wichtige Aufgabenstellungen für die Bundesrepublik enden zum Jahresausgang: die vorübergehende, zweijährige Mitgliedschaft im Sicherheitsrat der UN und der Vorsitz Deutschlands in der EU. Die erste Funktion blieb ohne Wirkung und endete mit einer großen Enttäuschung. Die Uneinigkeit der Großmächte und deren Vetorecht verhindern eine erfolgreiche Tätigkeit der weltweit agierenden Institutionen. Eine

Reform ist dringend geboten, es wird hierüber nur verhandelt. Bezüglich der zweiten Funktion wird Deutschland eine erfolgreiche Amtszeit bescheinigt. Das kann aber nicht darüber hinwegtäuschen, dass noch vieles im Argen liegt und dass es noch viel zu tun gibt.

In den USA scheint Trump in einigen Punkten zu resignieren. So hat der Kongress mit Unterstützung der Stimmen der Republikaner seinem Veto gegen das Hilfsprogramm von 900 Milliarden $ widersprochen. Er selbst hat sein Veto zurückgezogen, mit der Forderung einer Nachbesserung. Er wird uns auch in der Zukunft mit mancher Attacke überraschen.

Es bleibt viel zu tun. Hoffentlich schreiten die politischen Instanzen nicht weiter der Realität weit hinterher. Viele Schritte mit systemändernder Wirkung sind dringend erforderlich. Hier versagen die Großmächte der Welt bisher total. Die Hoffnung auf Veränderungen auf diesem Gebiet halten sich in Grenzen.

Auf politischer Ebene hat zur Jahreswende Portugal von Deutschland die Ratsführerschaft in der EU übernommen. Die portugiesische Regierung hat sich das Ziel gesetzt, den sozialen Fortschritt in der EU voranzubringen, ein Anliegen, das auch in meinen schriftstellerischen Ansätzen im Vordergrund steht. Ich wünsche viel Erfolg.

Die in Deutschland anstehenden Veränderungen, der weitgehende Wegfall des Solidaritätszuschlages, die Neuregelung des Grundeinkommens und die Anhebung des Mindestlohnes sind sinnvolle Maßnahmen und Schritte in die richtige Richtung.

Inzwischen ist der 7. Januar 2021. In den letzten Tagen sind noch einige Ereignisse von Bedeutung eingetreten. Die gemeinsame Sitzung des Repräsentantenhauses und des Senats der USA hat das Ergebnis der Wahlen vom 7. November – trotz großer Tumulte, ausgelöst durch das Verhalten des Präsidenten – bestätigt. Donald Trump hat endgültig verloren. Auch die Nachwahlen in Georgia sind für die Demokraten positiv verlaufen und haben im Senat eine Mehrheit gebracht. Ein harter Weg für Biden und seine Regierung steht bevor.

6 Zwei weitere wichtige politische Ereignisse zu Beginn des neuen Jahres

Auf politischer Ebene sind zwei wichtige Ereignisse eingetreten.

(1) CDU wählt neuen Vorsitzenden

In Deutschland hat die CDU am 13. Januar 2021 in einem ersten virtuellen Parteitag einen neuen Vorsitzenden gewählt und damit die Zeit nach Angela Merkel eingeleitet. Die Bundeskanzlerin wird bekanntlich bei der nächsten Bundestagswahl nicht mehr antreten. Die drei zur Wahl antretenden Kandidaten vermittelten den Eindruck der Harmonie, der nicht überzeugte. Die Harmonie war inszeniert und vorgegeben. Wer nicht hinter dem „Establishment", den derzeitig regierenden Institutionen, stand, hatte keine Chance. Die Institutionen und die vielfältigen Gruppierungen der Politik des "Weiter so" beherrschten das Geschehen. Es geht vordergründig um Partei- und Machtpolitik. Die Sachpolitik und der Wille und die Sorgen der Wähler treten dabei in den Hintergrund. Die Wähler der Mitte fühlen sich nicht mehr „mitgenommen". Sie werden als „Masse" behandelt, die zu manipulieren ist. Wo bleibt der einzelne Mensch als „denkendes Individuum"? Die Folgen und Auswirkungen sind klar erkennbar. Nahezu 50 % der wahlberechtigten Bevölkerung verweigern sich und nehmen an Wahlen nicht mehr teil. Die extremen Gruppen am rechten und linken Rand erhalten immer mehr Zulauf. Die politische Mitte der Gesellschaft löst sich in diesem Umfeld zunehmend auf. Hier nur zwei Beispiele, wie es nicht geht:

» Das Auftreten des Gesundheitsministers war völlig fehl am Platz. Es war zum falschen Zeitpunkt, sachlich unangebracht und unfair. Er hat mehr geschadet als genutzt. Der Zeitabschnitt im Fernsehen war den Fragen und Sorgen der Wählerschaft vorbehalten.

» In einer eilig angesetzten Fernsehsendung am Abend verhielt sich der neugewählte Vorsitzende „staatsmännisch" und ließ sich nicht aus der Reserve locken. Die einzige Sachfrage, die er konkret beantwortete, erwies sich als ausgesprochener „Fehlschuss". Er bestätigte den fragenden Journalisten, dass er die der NATO zugesagten Rüstungsausgaben von 2 % des Bruttoinlandsproduktes einhalten würde. Zumindest auf europäischer Ebene sollte diese Frage zu gegebener Zeit zur Diskussion stehen.

(2) Die Amtseinführung des neugewählten Präsidenten der USA

Am 16. Januar erfolgte in den USA die feierliche Amtseinführung des neugewählten Präsidenten Joe Biden unter erheblichen Sicherheitsmaßnahmen und Polizeischutz. Zuschauer waren nicht zugelassen. Der vorhergehende Präsident Donald Trump nahm an den Feierlichkeiten nicht teil. Er war vorher mit dem Flugzeug nach Florida geflogen. Es war eine gelungene Veranstaltung. Tumulte wie eine Woche bevor fanden nicht statt. Es war ein guter Start des neuen Präsidenten. Er schritt sofort zur Tat. Noch am gleichen Tag verkündete er die Rückkehr der USA in das Klimaschutzabkommen von Paris. Viele weitere Verordnungen folgten unmittelbar. Das transatlantische Bündnis tritt ebenfalls wieder in den Vordergrund. Ein verheißungsvoller Start, an den viele Hoffnungen geknüpft werden, ist gelungen. Ein weiter Weg steht bevor.

Ein erstes Impeachment-Verfahren wurde abgelehnt. Die erforderliche 2/3-Mehrheit wird im Senat verfehlt. Das Ergebnis zeigt zwar eine Mehrheit von 57 zu 43 Stimmen; 67 Stimmen wären aber nötig gewesen. Ein zweites Verfahren im Februar hat ebenfalls keine Chance. Wir werden Donald Trump nicht los.

Der neugewählte Präsident Joe Biden setzt weitere weltoffene und europafreundliche Zeichen. Ein G 7-Treffen und die Münchner Sicherheitskonferenz, die beide virtuell stattfanden, gaben hierzu die Gelegenheit. Die Rückkehr ins Klima-Schutzabkommen von Paris ist nur der erste Schritt. Kein Truppenabzug aus Afghanistan und Europa und das Bekenntnis zum trans-

atlantischen Bündnis (NATO) und zum geopolitischen System
der westlichen Welt, das auf dem Liberalismus und der repräsentativen Demokratie aufbaut, sind besonders zu erwähnen.
Auch das Bemühen um die Verlängerung des Atomabkommens
mit dem Iran ist hervorzuheben. Positiv wird gesehen, dass die
Sanktionen gegen Nordstream 2 und die Rüstungsausgaben-
Zusage nicht angesprochen wurden.

Ein neues Bündnis zwischen Amerika, Australien, Indien
und Japan ist von besonderem strategischem Wert. Der „Quadrilateral Security Dialogue", die „Asiatische NATO", hat einen
virtuellen Gipfel veranstaltet. Ein breites gemeinsames Funda-
ment wurde aufgezeigt.

D DIE CORONA-KRISE

Das Weltgeschehen wird zurzeit durch die Corona-Krise bestimmt. Es handelt sich um eine Viruserkrankung. Das Virus COVID-19 ist Ende des Jahres 2019 erstmals in China in der Millionenstadt Wuhan aufgetreten. Es hat sich in kurzer Zeit in nahezu allen Ländern der Erde ausgebreitet. Das Virus hat sich binnen kurzer Zeit zur Pandemie ausgeweitet. Mit einem Ende der Krise kann erst dann gerechnet werden, wenn ein Impfstoff in ausreichender Menge weltweit zur Verfügung steht. Erste Berechnungen nennen einen Zeitraum von11 bis 17 Monaten. Das bedeutet, dass die aktuellen Maßnahmen bis Ende 2021 auszurichten sind. Es ist aber zu befürchten, dass dieser Zeitraum weltweit nicht eingehalten werden kann. Zurzeit können keine endgültigen Schlüsse gezogen werden. Betrachten wir zunächst die erste Welle von Januar bis September 2020.

I. Die erste Welle der Corona-Krise (Januar – September 2020)

Die Corona-Krise trat nach ersten Fällen im Dezember 2019 zu Beginn des Jahres 2020, im Februar, in Deutschland verstärkt in Erscheinung. Die ersten Fälle traten in Stockdorf in der Nähe von München auf. Zunächst konnte niemand erahnen, dass eine weltweite Pandemie zu erwarten war. Die Bundesregierung und insbesondere das Gesundheitsministerium reagierten schnell. Ab Mitte März erfolgten seitens der Regierung tiefgreifende Eingriffe in den täglichen Ablauf im wirtschaftlichen und privaten Bereich. Die Schließung von Gaststätten und Dienstleistungsbetrieben sowie Kirchen und Synagogen wurde angeordnet. Ein 1,5 Meter Abstand bei öffentlichen Veranstaltungen wurde vorgegeben. Die Inzidenzzahl (Neuinfizierungen pro 100.000 Einwohnern in 7 Tagen) wurde mit einer Zielgröße von 50 festgelegt.

Das Besondere war, dass es sich um einen exogenen Einflussfaktor handelte. Es herrschte ein hohes Maß an Unsicherheit. Schnelles Handeln war geboten. Das beherzte Eingreifen der Bundesregierung und der übrigen zuständigen Institutionen war nötig, führte aber auch zur Mitverantwortung, da massiv in das Wirtschaftsgeschehen und den Freiheitsspielraum der Bürger eingegriffen wurde. Diese Maßnahmen wurden von den Bürgern vollumfänglich angenommen und erfüllt.

Deutschland war gut vorbereitet. Der seit der Finanzkrise von 2008 über zehn Jahre andauernde Anstieg der Wirtschaftsleistung hatte zu einer erheblichen finanziellen Reserve im Staatshaushalt geführt. Die Staatsschulden bewegten sich auf niedrigem Niveau. Sie lagen unter dem in der EU angestrebten Wert (60 % des BIP). Die soziale Marktwirtschaft hatte das Gesundheitswesen, das Sozialwesen und die soziale Absicherung der Bürger in einen guten Zustand versetzt. Arbeitslosenhilfe, Kurzarbeitergeld und Krankengeld bildeten einen ausgeprägten Sicherheitsrahmen, auf dem aufgesetzt werden konnte.

Der erreichte Erfolg gibt den verantwortlichen Stellen recht. Es ist verfrüht und müßig, die Frage zu stellen, ob Maßnahmen nötig, überhöht oder ausreichend waren. Entscheidend ist, dass nach nur zwei Monaten die Corona-Krise in Deutschland im Griff war. Die Krise bewegt sich binnen kurzer Zeit im beherrschbaren Rahmen. In einigen dringenden Fällen konnte einigen benachbarten Ländern Europas bereits geholfen werden.

Ein Vergleich einiger weniger Daten zwischen Deutschland und den USA zeigt deutlich, in welch guter Verfassung sich Deutschland im Sommer 2020 befand:

Im Vergleich zur USA stehen gegenüber:	D:	USA:
Arbeitslosenquote:	6,1 %	13,3 %
Erwarteter Rückgang BIP 2020	- 7 %	- 30 %
Infizierte (Corona-Virus)	187.388	2,1 Mio.
Tote (Corona-Virus)	8.600	110.000

(Stand: 13.Juni.2020)

1 Lockerungsmaßnahmen und Konjunkturprogramm

Der zweite Zeitabschnitt der ersten Welle der Bekämpfung der Corona-Krise war zunächst mit Lockerungen und einem Konjunkturpaket verbunden. In der zweiten Hälfte des Jahres 2020 war bald erkennbar, dass eine Wende zu erwarten war. Es gilt, eine zweite Welle in der Viruserkrankung COVID-19 zu begrenzen und schnellstmöglich einen Impfstoff in ausreichender Menge zur Verfügung zu stellen. Es wird zunächst davon ausgegangen, dass ein Impfstoff frühestens im Jahr 2021 verfügbar sein wird.

Die begonnenen Lockerungen erfolgen vorsichtig und schrittweise, das ist gut so. Es ist weiterhin darauf zu achten, dem verständlichen Druck der Bevölkerung nicht allzu schnell zu unterliegen. Vorsicht ist geboten.

In diesen Tagen (10. Juni 2020) hat Deutschland in Übereinstimmung mit der EU die Grenzen gegenüber allen EU-Staaten ab 15. Juni wieder geöffnet. Das ist aufgrund der unterschiedlichen Entwicklung der Corona-Krise in den einzelnen EU-Staaten sehr mutig. Gegenüber allen anderen Staaten der Erde (ca. 160 Staaten) wurde die bestehende Reisewarnung bis Ende August verlängert. Das bedeutet, dass derjenige, der in diese Staaten reist, dies auf eigene Gefahr tut.

Das Konjunktur- und Strukturprogramm für Deutschland ist besser ausgefallen, als erwartet. Die Erfordernisse in der Sache wurden stärker beachtet als parteipolitische Interessen. Das

Gesamtvolumen von 130 Mrd. € liegt im angemessenen Rahmen. Das Gesamtprogramm umfasst 57 Einzelpunkte und ist zunächst auf das Jahr 2020 bezogen. Weitere Maßnahmen im nächsten Jahr sind offen.

Die wichtigsten Maßnahmen sind:

» Senkung der Mehrwertsteuer von 19 auf 16 % für ein halbes Jahr;
» entsprechend wird ab 01. Juli 2020 der ermäßigte Prozentsatz der Mehrwertsteuer von 7 auf 5 % gesenkt;
» Einmaliges Kindergeld von 300,-- € je Kind;
» Stromkostensenkung durch Zuschuss zur EEG-Umlage;
» Zuschuss für Kommunen:
» Ersatz von 50 % des Gewerbesteuerausfalls;
» Ausgleich von erhöhten Sozialkosten;
» Kaufprämie für Elektro-Autos: Erhöhung von 3.000,-- € auf 6.000,-- €;
» Strukturprogramm für:
» Erneuerbare Energie
» Wasserstoff-Technik
» Digitalisierung, Quanten-Computing.

Der Ausgleich für Altschulden der Kommunen und der Länder ist ein wichtiger offener Punkt. Der Föderalismus, die Vielfalt, zahlt sich in Deutschland aus. Z. B. Hessen, das Bundesland, in dem ich wohne, legt u. a. ein zusätzliches Paket von 12.0 Mrd. € für Zukunftsinvestitionen auf. Damit soll das Bundesland sozial-ökologisch erneuert, moderner und digitaler werden.

Zählen wir die begleitenden Maßnahmen aller Bundesländer zusammen, kommt sicher ein großes Volumen heraus.

Ein weiterer wichtiger Punkt, der andiskutiert wurde, aber noch nicht positiv abgeschlossen ist, ist der Verlustrücktrag bei den Ertragssteuern. Er sollte nicht in Vergessenheit geraten.

Am Ende der ersten Welle liegt Deutschland im internationalen Vergleich in der Bekämpfung der Corona-Krise weit vorne (an der zweiten Stelle).

2 Die Finanzkrise von 2008 ist noch nicht überwunden

Bei insgesamt positiver Lagebeurteilung für Deutschland darf nicht übersehen werden, dass sich die getroffenen Maßnahmen der Bundesregierung auf den selbst gewählten engeren Bereich des bestehenden Ordnungsrahmens des Staates beziehen. Hieraus ergeben sich drei grundsätzliche Schwachpunkte:

Erstens: Die Beseitigung von entstandenen Systemfehlern und sinnvolle Systemänderungen erfolgen nicht.

Zweitens: Die soziale Komponente der Marktwirtschaft ist in den letzten Jahren zu kurz gekommen. Sie bedarf der Neujustierung. Hier ist nichts erfolgt.

Drittens: Wir befinden uns nicht nur in der Gesundheitskrise. Wir haben es mit einem Krisenbündel zu tun. Neben der Gesundheitskrise, die sich auf der Welt weiter ausbreitet, haben wir die Finanzkrise nach über zehn Jahren noch nicht überwunden. Bei Fortführung des „quantitative easing" in der EU und den USA – das sind kontinuierliche Anleihekäufe der EZB in der EU und der Fed in den USA in jeweils zweistelliger Milliardenhöhe von Monat zu Monat –, Leitzinsen von 0 % und negativen Zinsen für Bankguthaben -- befinden wir uns in der westlichen Welt noch immer inmitten der Finanzkrise. Ständig weiter steigende Staatsschulden sind das sichtbare Zeichen. Wir bekämpfen die Finanzkrise mit den Mitteln, die sie ausgelöst haben: zu viel Liquidität! Wir haben hier aus der Vergangenheit nichts gelernt.

3 Drei Jahre als Bemessungszeitraum für Ertragssteuern (2020 – 2022)

Der Jahresgewinn eines Unternehmens ist vor dem Hintergrund der Annahme, dass die Unternehmen auf Dauer gegründet und geführt werden, nur ein Zwischengewinn. Die Jahresbilanz als Vermögensstatus ist auf einen wiederkehrenden Zeitpunkt bezogen. Die Abschlussbilanz eines Jahres ist gleichzeitig die Eröffnungsbilanz des Folgejahres (Grundsatz der Bilanzkontinuität).

Die Ergebnisse des Jahres 2020 sollten insofern im Zusammenhang mit dem Ergebnis des Folgejahres betrachtet werden. Da das Ende der Corona-Krise noch nicht absehbar ist, empfiehlt es sich, ein weiteres Jahr miteinzubeziehen. Unsicherheit erfordert Vorsicht. So kommt ein Bemessungszeitraum von drei Jahren zustande.

Dieser Weg erleichtert das weitere Vorgehen. Die vorgesehenen finanziellen Hilfen können als „Vorschuss" gesehen werden und sollten einer späteren Kontrolle unterliegen. Der Jahresgewinn ist in erster Linie der Gewinn des Unternehmens. Weder eine Gewinnausschüttung noch eine Gewinnbesteuerung ist zurzeit für 2020 in vielen Unternehmen angebracht. Das sollte für alle Unternehmen gelten, die im Jahr 2021 mit Verlusten rechnen. Das bedeutet im Umkehrschluss, dass Unternehmen, die für 2020 Dividenden ausschütten oder Gewinne entnehmen, keinen Anspruch auf finanzielle Hilfen haben. Diese Sicht der augenblicklichen Lage lässt folgende Schlussfolgerung zu: Der Staat könnte die Initiative den Unternehmen übertragen, diese kennen ihren Finanzbedarf am besten. Die schnelle finanzielle Hilfe als Kredit würde helfen. Sie wäre vorläufig und würde der Kontrolle unterliegen.

Finanzielle Hilfen des Staates in diesem Zusammenhang sollten nur mit Zweckbindung erfolgen. Wer bewusst betrügt, sollte bestraft werden. Die Finanzämter und Gerichte sind hier gefordert.

II. Die zweite Welle (ab Mitte November 2020)

1 Der gemäßigte Lockdown
(ab Mitte November 2020)

Im Sommer 2020 konnten in Deutschland aufgrund der guten Zahlen die getroffenen Maßnahmen zunächst gelockert werden. So wurden u. a. die Grenzen gegenüber den europäischen Staaten wieder geöffnet. Es zeichnete sich aber seit September ab, dass in der Folgezeit mit einer sich verschlechterten Entwicklung zu rechnen war. Eine zweite Welle kündigte sich an. Die ansteigenden Neuinfizierungen deuteten darauf hin. Die Bundesregierung geht diesmal verhaltener vor. Ein gemäßigter Lockdown wird erst am 10. November eingeführt und bis Weihnachten terminiert. Die Maßnahmen sind zunächst auf die Begrenzung der täglichen Neuinfizierungen auf 20.000 Personen ausgerichtet.

» Im privaten Bereich sind Kontaktbeschränkungen vorgesehen, Zusammenkünfte im häuslichen Bereich sind auf fünf Personen aus maximal zwei Haushalten beschränkt.
» Schließungen betreffen die Kulturveranstaltungen (Theater, Oper, Konzerte), Gaststätten (Ausnahme: Abholungen), Betriebe der Körperpflege (ohne Friseure).
» Offen bleiben zunächst: Groß- und Einzelhandel (1 Kunde pro 10 qm), Schulen und Kitas, Gotteshäuser.
» Veranstaltungen im Profisport dürfen nur ohne Zuschauer stattfinden.
» Neben Kurzarbeitergeld und Arbeitslosenunterstützung werden zusätzliche Hilfen beschlossen. 75 % des November-Umsatzes des Vorjahres werden ersetzt und Zuschüsse zu den betrieblichen Fixkosten vorgesehen.

Hier sei eine kritische Anmerkung erlaubt: Die beiden finanziellen Hilfen treffen den Sachverhalt nur begrenzt. Sie erwecken den Eindruck eines nicht zu Ende gedachten Schnellschusses. In der Unternehmensführung geht kurzfristig Liquidität vor Rentabilität. Liquidität wird durch die Differenz von Einnahmen und Ausgaben maßgeblich bestimmt. Umsatz betrifft nur die Einnahmen. Fixkosten sind in wesentlichen Teilen nicht liquiditätswirksam, z. B. die Abschreibungen.

Die Corona-Pandemie befindet sich auf der ganzen Welt ab dem Herbst 2020 in der zweiten Welle. In Deutschland ist die für das Jahresende prognostizierte Zahl der Neuinfizierten von 20.000 bereits im November erreicht und sogar überschritten.

Am vergangenen Freitag (6. November) wurde ein neuer Höchststand von 23.399 gemeldet. Der Lockdown ab dem 10. November scheint zunächst zu greifen. Ein leichter Rückgang ist bald erkennbar. Hinzu kommt, dass das deutsche Unternehmen Biontech in Zusammenarbeit mit dem US-amerikanischen Unternehmen Pfizer einen Impfstoff gegen COVID-19 angekündigt hat, der noch in diesem Jahr zur Genehmigung in den USA angemeldet werden soll. Der Wirkungsgrad wird mit über 90 % angegeben.

Inzwischen ist der 1. Dezember 2020 erreicht. Der 1. Advent war vor zwei Tagen. Das Weihnachtsfest naht. Was wird es bringen in der unverändert weltweit bestehenden Corona-Zeit? Zumindest gibt es neue Hoffnung. Die ersten Anträge auf Genehmigung der entwickelten Impfstoffe sind eingereicht. Mit Beginn der Impfungen wird noch im Dezember gerechnet. Die organisatorischen Vorbereitungen sind angelaufen. Es beginnt die Phase der medizinischen Bekämpfung des COVID-19-Virus in der westlichen Welt. Hoffentlich tritt der erhoffte Erfolg ein.

2 Der harte Lockdown (ab Mitte Dezember 2020)

Der 3. Advent des zu Ende gehenden Jahres 2020 ist ein besonderer Tag. Die Kanzlerin hat soeben in der Mittagszeit den „harten Lockdown" für einen Monat, vom 16. Dezember bis 10. Januar, bekanntgegeben, den sie mit den 16 Ministerpräsidenten der Länder am Vormittag beschlossen hat. Die Lage ist bitterernst. Nach einer gewissen Beruhigung hat die Corona-Pandemie neue Höchstwerte erreicht. Der bisherige begrenzte Lockdown hat nicht den erhofften Erfolg gebracht. Am Freitag dieser Woche wurden neue Höchstwerte erreicht. Die Neuinfizierten eines Tages stiegen in Deutschland auf annähernd 30.000 (29.875), die Toten erreichten die Zahl 600 (598). Die Inzidenz, die Neuinfizierten je 100.000 Einwohner, stieg auf weit über 200 bei einer Zielgröße von 50. In unserer Region (Landkreis) liegt die Inzidenz bei 126 Fällen, da sind wir noch nicht so stark betroffen. Die Hot Spots befinden sich überwiegend in städtischen

Gebieten. Die Höchstwerte der Inzidenz-Ziffer liegen hier bei 400. Weitere Kontaktbeschränkung ist gefordert. Schulen, Kitas und viele Branchen des Einzelhandels sind betroffen. Ein Verbot von Alkoholausschank an öffentlichen Stellen und von Feuerwerken aller Art zu Silvester ist eine sinnvolle Maßnahme. Für die Familien sind bestimmte Begrenzungen bis hin zu Ausgangssperren vorgegeben. Da können wir nur hoffen, dass sich der gewünschte Erfolg einstellen wird.

Es sind einige Tage vergangen. Heute, am 16. Dezember 2020, hat der „harte Lockdown" begonnen. Inzwischen sind neue Nachrichten bekannt. Die Zulassung des Impfstoffes von Biontech, Mainz, soll noch vor Weihnachten, am 21. Dezember, erfolgen. Großbritannien, Kanada und die USA sind vor zwei Wochen schon mit Impfungen gestartet.

Die Impfungen werden in Deutschland doch erst nach Weihnachten beginnen. Die Neuinfektionen steigen von Tag zu Tag und erreichen neue Höchststände. Die Hot Spots decken große Teile der Bundesrepublik ab. In Sachsen erreicht die Inzidenz-Ziffer im Landesdurchschnitt 400 bei einer Zielgröße von 50. Alle hoffen, dass der harte Lockdown und die Impfungen eine Wende bringen.

Wir feiern Weihnachten. Erfreuliche Nachrichten geben wieder bessere Zukunftsaussichten. Der Impfstoff gegen das COVID-19-Virus ist nunmehr auch für Deutschland und Europa freigegeben. Die Impfungen sollen direkt nach Weihnachten beginnen. Hoffen wir, dass bald genügend Impfstoff für die ganze Welt zur Verfügung steht und keine neuen Schwierigkeiten auftreten. Der Aufbau der erforderlichen Logistik ist eh ein schwieriges Unterfangen.

Der Bundespräsident hat sich in seiner diesjährigen Weihnachtsrede mit diesen Themen befasst und eine positive Grundstimmung für die zukünftige Entwicklung eingenommen. Hoffentlich behält er Recht. Eins ist aber längst schon klar. Die Corona-Pandemie wird uns noch längere Zeit begleiten. Die aufgetretenen Mutationen in England und neuerdings auch in Südafrika werden hierzu beitragen. Weitere Pandemien werden in der Zukunft hinzukommen. Das Gesundheitsproblem wird dauerhaft das Weltgeschehen begleiten.

3 Verlängerungen des harten Lockdown (ab 10. Januar 2021)

Die getroffenen Maßnahmen des harten Lockdown greifen nicht in dem erhofften Maße. Die täglich veröffentlichten Daten steigen weiter an. Der bis 10. Januar befristete harte Lockdown wurde in zwei weiteren Schritten mit gewissen Anpassungen verlängert, zunächst bis Ende Januar. Eine weitere Verlängerung bis 14. Februar mit verschärften Maßnahmen ist inzwischen gültig. Maskenpflicht (FFP 2 oder OP-Masken) und verstärkte Home-Office-Tätigkeiten werden vorgesehen. Eine Ausgangssperre wird nicht verordnet. Eine weitere Maßnahme ist Ende Januar hinzugekommen. Deutschland hat ein Einreiseverbot für fünf Hochrisikoländer (Großbritannien, Irland, Portugal, Südafrika und Brasilien) verhängt und ist damit über die Beschlüsse der EU hinausgegangen. Es sind die Länder, in denen die inzwischen festgestellten Mutanten eine gefährliche Verbreitung erreicht haben.

Es kommt wesentlich darauf an, dass wir das COVID-19-Virus in den Griff bekommen, bevor sich die inzwischen aufgetretenen Mutationen auch in Deutschland zur Pandemie ausbreiten. In einigen Ländern Europas (z. B. England, Irland, Portugal) sind die Mutationen bereits in stärkerer Verbreitung. Die inzwischen bekannten Mutationen sind mit einer weit höheren Ansteckungsgefahr (bis zu +70 %) verbunden. Sie lassen schlimmere Folgen befürchten. Wir befinden uns noch immer mitten in der Corona-Krise. In vielen Ländern breitet sich die Krise noch ständig weiter aus. Hingegen hat die Zeit der Lockerungen – nicht zuletzt auf öffentlichen Druck – in vielen Ländern bereits eingesetzt.

Die allgemeine Lage ist noch immer von Unsicherheit auf vielen Gebieten gekennzeichnet. Unsicherheit fordert Vorsicht. Dazu gehört auch eine gewisse Zurückhaltung. Wir müssen aufpassen, dass wir nicht zu schnell sind. Der richtige Zeitpunkt für Einzelmaßnahmen ist weiterhin mitentscheidend. Wir müssen jederzeit nachbessern können.

Die zweite Welle wurde bisher in sinnvollen Schritten und mit Vorsicht gestaltet. Die täglich erfassten Messdaten zeigen eine fallende Tendenz. Die gesteckten Ziele sind aber noch nicht erreicht. Das von der Regierung beschlossene Konjunktur- und Strukturprogramm ist ein erster großer Schritt. Die zugesagte Hilfe der EU in Billionenhöhe kommt für die einzelnen Länder anteilig hinzu. Leider kommen die deutsche Regierung und die EU-Kommission mit der Bereitstellung der benötigten finanziellen Mittel nicht schnell voran.

Ende Januar 2021 befinden wir uns in einer äußerst kritischen Situation. Es stehen nicht genügend Impfstoffe zur Verfügung. Die Firmen, deren Impfstoffe zugelassen sind, haben Lieferschwierigkeiten und können ihre Lieferverpflichtungen nicht einhalten. Von Regierungsstellen einzelner Staaten wird aktiv in die Verteilung der in ihren Ländern produzierten Impfstoffe eingegriffen. Es zeigt sich in mehreren Fällen, dass die zuständigen politischen Organisationen in Deutschland und in der EU zu langsam sind und schwerfällig agieren.

Die Aufhebung der Reisebeschränkungen in der Europäischen Union ist ein gewagter Schritt. Warten wir ab, was sich ergibt. Die zweite Welle ist noch nicht vorüber, auch in Deutschland nicht. Das Erreichen einer Inzidenz von 50 und die ausreichende Verfügbarkeit eines Impfstoffes sind weiterhin wichtige Nahziele. Gleichzeitig nehmen die festgestellten Fälle der weitgefährlicheren Mutanten auch in Deutschland ständig zu. Es wird darauf ankommen, dass wir das Inzidenzziel erreichen, bevor die Mutanten eine kritische Ausbreitung erfahren. Eine dritte Welle muss unbedingt vermieden werden. Das wird nicht in wenigen Wochen möglich sein. Es wird ein konkreter Impfplan gefordert. Ein Stufenplan wird vorgeschlagen. Die Planung muss weiterhin auf das Gesamtjahr 2021 ausgerichtet werden. Schuldzuweisungen bringen nichts. Die Wahlpolitik der Parteien sollte weiterhin im Hintergrund bleiben, auch wenn Wahlen näher rücken.

Wir müssen einzig und allein die Zukunft gestalten. Wenn wir in Betracht ziehen, an welcher Stelle sich Deutschland im internationalen Vergleich der Toten bezogen auf 100.000 Einwohner befindet (an der zweiten Stelle), kann die Vorgehensweise nicht schlecht gewesen sein. Die regierenden Stellen und die gesamte deutsche Bevölkerung haben sich diszipliniert verhalten. Auch in Zukunft sind Vorsicht und Vernunft geboten. Allzu schnelle Lockerungen sind dabei nicht hilfreich. Ein Stufenplan sollte auf dem Grundsatz der Freiheit aufbauen. Das heißt, dass diejenigen, die sich impfen lassen und die eine Infizierung überstanden haben oder in regelmäßigen Abständen getestet sind, Vorteile in der Bewegungsfreiheit bei entsprechendem Nachweis erhalten sollten. Das sollte aber erst dann erfolgen, wenn entsprechende Inzidenz-Ziele erreicht wurden. Vielleicht steigert das auch die Bereitschaft, sich impfen zu lassen. Je schneller wir eine „Herdenimmunität" erreichen, umso besser. Regionen, die die Inzidenz-Ziele erreichen, sollten handlungsfähig sein. Hot Spot-Gebiete bedürfen weiterhin der angemessenen Beschränkungen.

Zum Jahresende waren in Deutschland lediglich 168.000 Menschen gegen COVID-19 geimpft worden und schon sind Lieferengpässe eingetreten. Die meisten Impfungen wurden sinnvoller Weise in den Pflegeheimen und beim Pflegepersonal vorgenommen. Die Gruppe der besonders gefährdeten alten Menschen über 80 Lebensjahre ist nur mit knapp 40.000 beteiligt. Bei den sechs Impfzentren, die in Hessen eröffnet wurden, ist unser Landkreis nicht dabei. Uns steht in der gegenwärtigen Krise noch ein langer Weg bevor. Wir brauchen noch viel Geduld und langes Durchhaltevermögen. Bis zum Sonntag (3. Januar 2021) wurden 238.000 Impfungen gemeldet. Das ändert die Situation nicht entscheidend.

Der „Impfgipfel" am 1. Februar hat die Erwartungen nicht erfüllt. Es war ein erster Kontakt mit der Pharmaindustrie. Er hat zu einem konkreten Impfplan nach Quartalen geführt. Erst im III. Quartal 2021 wird in Deutschland mit einer kompletten Versorgung und mit Impfterminen für alle gerechnet. Die Quartalszahlen für Impfstoffe in der EU betragen: I. Quartal: 18.3 Mio.;

II. Quartal: 77.1 Mio.; III. Quartal: 126.6 Mio. Die Zahlen sind
mit Unsicherheit behaftet. Es sind aber weitere Perspektiven gegeben. Der russische Impfstoff „Sputnik V" ist getestet worden
und hat eine Wirkung von über 90 % gezeigt. Erste Lieferungen in europäische Länder haben bereits stattgefunden (Serbi-
en, Rumänien).

Die Bundeskanzlerin hat heute (2. Februar 2021) zum Durch-
halten aufgefordert. Kurzfristige Lockerungen hat sie nicht in
Aussicht gestellt. Die Erreichung des Inzidenzziels von 50 und
die Vermeidung einer dritten Welle haben unverändert Vorrang. Kontaktbeschränkungen, Maskenpflicht und Verbot von
Massenveranstaltungen sind weiterhin notwendig. Begleitende
Maßnahmen sind geboten. Wir brauchen ein umfassendes Kri-
senkonzept und kein reines Konjunkturprogramm. Wir haben
es nicht nur mit einem finanziellen Problem zu tun. Deutschland steht in der Führungsverantwortung gegenüber der EU, zusammen mit Frankreich und allen Ländern Europas, die bereit
sind, mitzumachen. Krisenmanagement ist damit zum Wahlthema 1 der nächsten Bundestagswahl im September dieses
Jahres geworden.

4 Die Sonderstellung von Deutschland
in der aktuellen Krise

Deutschland befindet sich zu Beginn des Jahres 2021 noch immer in einer Sonderstellung. Das ist darin begründet, dass wir
die vorausgehende Finanzkrise im Gegensatz zu vielen anderen
Ländern weitgehend überstanden und in der aktuellen Gesundheitskrise gut gehandelt haben. Wir haben bisher den „Stress-
test" bestanden.

Wir müssen daher bereit sein, Verantwortung zu übernehmen. Wir sollten die Führungsrolle in der Form übernehmen,
dass wir in der dritten Welle für Deutschland die Zukunft gestalten, dabei die berechtigten Belange von Europa nicht aus
den Augen verlieren und für weitere Regionen der Welt als richtungsweisend gelten können.

Deutschland muss den in der Vergangenheit beschrittenen erfolgreichen Weg fortführen und sich seiner Stärken erinnern. Eingetretene Fehlentwicklungen sind zu beseitigen und erforderliche Systemanpassungen stehen an.

Das ist ein großes Ziel und ein weiter Weg. Dieser kann nur in Einzelschritten vollzogen werden. Nur, wir müssen damit anfangen – und zwar jetzt. Wir dürfen die Politik nicht allein lassen. Sie braucht Unterstützung, und zwar von der Wirtschaft und von mehreren wissenschaftlichen Disziplinen. Wir müssen uns an die Vorleistungen der Philosophie erinnern, das Rechtswesen und die Ökonomie sind gefragt und gefordert. Die Naturwissenschaften müssen ihren Beitrag leisten. Forschung und Entwicklung bedürfen des verstärkten Transfers.

Freiheit und Vernunft, Ethik und Moral sowie die Würde des Menschen stellen die geistigen Grundlagen für das Geschehen in unserer Welt dar. Deutschland und Europa brauchen einen Ordnungsrahmen, der:

» Sicherheit und Entscheidungsfreiheit des Staates,
» soziale Ausgewogenheit und gerechte Beteiligung im Wirtschaftssektor,
» Gleichbehandlung und Sittlichkeit im gegenseitigen Umgang der Menschen garantiert.

III. Die dritte Welle (ab Januar 2021)

1 Die ersten Mutationen

Die verschiedenen Mutationen aus England (B. 117), Südafrika und Brasilien sind zu Beginn des Jahres 2021 auch in Deutschland angekommen. In einzelnen Ländern Europas ist die Lage schon kritischer. Hier hat die dritte Welle bereits begonnen. Zurzeit treten einige Schwierigkeiten bei der Abwicklung der vorgesehenen Maßnahmen auf. In der Impfstoffversorgung bestehen Lieferengpässe.

Das gemeinsame Vorgehen in der EU war sicher ein angemessenes Verhalten. Es entsteht aber der Eindruck, dass nicht immer fair vorgegangen wird. Eingriffe von politischer Seite sind in einzelnen Ländern erfolgt. Ein unterschiedliches Vorgehen einzelner Länder ist klar erkennbar.

Die täglich veröffentlichten Zahlen zeigen in Deutschland eine fallende Tendenz. Doch wir sind noch immer ein gutes Stück von den gesteckten Zielen entfernt. Die Organisation des Geschehens vermittelt zurzeit den Eindruck der Schwerfälligkeit. Die Situation in den Pflegeheimen haben wir nicht im Griff. Der Aufbau der Impfstationen verzögert sich in vielen Gebieten. In Hessen gibt es nur sechs regionale Impfzentren. Die zugesagten Finanzhilfen fließen nur zögerlich. Der Ablauf ist zu bürokratisch. Das hat wiederum den positiven Nebeneffekt niedrigerer Schulden im Bundeshaushalt des Jahres 2020, der inzwischen vorliegt. Die geplante Neuverschuldung wurde um 90 Mrd. unterschritten. Das ist keine Einsparung. Jedes Unternehmen würde in diesem Fall eine Aufwandsrückstellung in gleicher Höhe bilden. Hoffentlich gewinnen wir den Wettlauf mit der Zeit. Selbst wenn wir in Deutschland die Pandemie in den Griff bekommen, ist die Krise auf der Welt und besonders in Europa noch lange nicht überwunden.

Die vorgegebenen Regelungen sind bis zum 14. Februar terminiert. Das nächste Gipfeltreffen der Bundesregierung mit den Ministerpräsidenten der Länder ist für den 10. Februar 2021 vorgesehen. Viele Forderungen sind im Gespräch. Am dringlichsten ist die Eröffnung der Kitas und Grundschulen. Ein konkreter Stufenplan wird erwartet.

2 Die nächste Verlängerung (14. Februar – 07. März 2021)

Das virtuelle Gipfeltreffen vom 10. Februar hat eine weitere Verlängerung des harten Lockdown bis zum 7. März ergeben. Das ist sicher ein richtiger Schritt, zumal die gefährlichere britische Mutation bereits einen Anteil von 5,7 % der Neuinfizierungen erreicht hat und in 13 Bundesländern aufgetreten ist. Die Gefahr einer dritten Welle besteht durchaus auch in Deutschland. Kontaktbeschränkungen, Geschäftsschließungen und Maskenpflicht bestehen weiter. Für Schulen und Kindergärten konnte keine gemeinsame Vorgehensweise erzielt werden. Hier wurde auf die Zuständigkeit der einzelnen Länder verwiesen. Ein konkreter Stufenplan wurde ebenfalls nicht vorgelegt. Es wird bis Ende März mit dem Erreichen des bisher festgelegten Zieles für die Inzidenzzahl von 50 gerechnet. Ein weiteres Ziel von 35 wird für weitere Schritte vorgegeben. Zahlreiche weitere Problemkreise wurden nicht angesprochen. Mit unterschiedlichen Vorgehensweisen in den einzelnen Ländern ist zu rechnen. Hoffentlich behalten wir den Überblick. Es kommt noch immer entscheidend darauf an, dass wir mit dem Impfen und den Tests vorankommen. In dieser Hinsicht ist wichtig, dass die Lehrer und die Erzieher eine Risikostufe höher eingeordnet wurden. Bisher (Februar 2021) hatte die Regierung Einreiseverbote für die fünf Risikostaaten Portugal, England, Irland, Südafrika und Brasilien beschlossen. Am 14. Februar sind Grenzkontrollen an den Grenzen zu Tschechien und Österreich (Tirol) hinzugekommen. Diese waren mit langen Staus verbunden.

Letztlich wird es darauf ankommen, dass rechtzeitig genügend Impfstoff zur Verfügung steht. Hier wird damit gerechnet, dass im August/September alle zur Impfung bereite Personen Termine haben. Wir brauchen dringend den Effekt der „Herdenimmunität".

IV. Ein Jahr Corona-Krise (Februar 2021)

1   Zur Aufgabe der politischen Instanzen

Die Maßnahmen des zweiten Lockdown erreichen die 100 Tage-Grenze. Der Anteil der Mutationen hat 20 % überschritten. Die dritte Welle der Corona-Krise hat ganz Europa erreicht.

Wir befinden uns in einer kritischen Phase. Kurzfristige, umfassende Lockerungen sind nur mit größter Vorsicht in Erwägung zu ziehen. Die Bürger werden zunehmend ungeduldig. Die Wirtschaftsverbände üben Kritik und fordern einen konkreten Stufenplan für aus ihrer Sicht notwendige Lockerungen.

Die politischen Instanzen der repräsentativen, föderalen Demokratie erweisen sich wieder einmal mehr als schwerfällig und zu langsam. Der Wirtschaftsminister steht in der Kritik. Wenn finanzielle Hilfen, die für November und Dezember zugesagt wurden, Mitte Februar des Folgejahres nach über drei Monaten nur zur Hälfte ausgezahlt sind, dann kann wohl von Versagen gesprochen werden.

Es handelt sich um finanzielle Hilfen. In der Wirtschaft geht kurzfristig Liquidität vor Rentabilität. Die finanziellen Mittel werden gebraucht, wenn Ausgaben anstehen, denen keine Einnahmen gegenüberstehen, und nicht irgendwann.

Die politischen Instanzen sollten sich auf ihre Richtlinienkompetenz und deren Umsetzung konzentrieren. Aufgaben, für deren Umsetzung die personalen und organisatorischen Voraussetzungen fehlen, sollten delegiert werden. Für die Umsetzung der staatlichen Aufgaben sind die Länder zuständig. (Art. 30, Grd.- Ges.)

Die Verbände und die einzelnen betroffenen Stellen sollten sich an die eigene Nase fassen und selbst die erforderlichen Konzepte erarbeiten oder zumindest mithelfen. In guten Zeiten mit hohen Gewinnen und Dividenden glänzen und in der Krise umgehend nach Hilfen schreien, so geht das nicht.

Hier ein konkreter Vorschlag:

» Die politischen Instanzen geben die Inzidenzziele vor, übernehmen eine Garantie (Bürgschaft) für die zugesagten finanziellen Hilfen und schaffen die Rahmenbedingungen für die Bereitstellung der Impfstoffe, für gebührenfreie Tests und für ausreichende Masken.

» Die Umsetzung der einzelnen finanziellen Maßnahmen
wird den Unternehmen und den übrigen Betriebsstätten
sowie deren Geschäftsbanken übertragen. Die ausgezahl-
ten Beträge werden als Vorschüsse gewährt. Sie unterliegen der Zweckbindung und der nachträglichen Kontrolle.
Diese könnten später auf der Basis eines Bemessungszeit-
raums von drei Jahren (2020–2022) durchgeführt werden.
Die Unternehmen und sonstige Betriebstätten, deren Steu-
erberater und die Finanzämter stünden hierfür zur Verfügung. Entsprechende Vorbereitungen könnten rechtzeitig
getroffen werden. Eine befristete Aufhebung von beschrän-
kenden Kreditlinien, die Aufschiebung von Kredittilgun-
gen und Neuvereinbarungen von wiederkehrenden Zah-
lungsterminen könnten sinnvolle Begleitmaßnahmen sein.
» Die Verbände können sich auf allen Ebenen hilfreich ein-
bringen.
» Wer bewusst betrügt, steht unter Strafe.

Es ist gut ein Jahr her, seit die Corona-Krise die Welt überrollte
und sich zur Pandemie ausbreitete. Es ist ein guter Zeitpunkt, um
eine Zwischenbilanz zu ziehen. Die Welt befindet sich im Monat
März des Jahres 2021 noch mitten in der Corona-Krise. Ein Ende
ist bei weitem nicht in Sicht. Die einzelnen politischen Institutionen sind unterschiedlich vorgegangen und sind bisher entsprechend unterschiedlich erfolgreich. Das Geschehen stand unter
großer Unsicherheit und unvollkommener Information. Ständige
Anpassungen waren erforderlich. Impfstoffe und Testverfahren
sind in erstaunlich kurzer Zeit entwickelt und gefertigt bzw. eingeführt worden. Mit der zunehmenden Bereitstellung von Impfstoffen, Tests und Masken werden große Hoffnungen verbunden. Aber: Das Virus entwickelt Mutanten, um zu überleben. Sie
sind verstärkt im Vormarsch und breiten sich inzwischen auch
in Deutschland aus. Sie betreffen inzwischen 30 % der Neuinfizierungen. In dieser Zeit werden von allen Seiten Lockerungen
des harten Lockdown gefordert und auch vollzogen – ein wahr-
haft schwieriges Unterfangen. Vorsicht ist weiterhin geboten.

Der harte Lockdown ist sicher keine Lösung auf Dauer. Lockerungsmaßnahmen sind immer dann angebracht, wenn sie zu Verbesserungen führen. Viele Ansätze sind vorhanden. Versuchen wir es mit Vorsicht und Vernunft. Noch ein Hinweis: Lassen wir jegliches wahlpolitisches Verhalten außen vor, es schadet allen.

Wir befinden uns weltweit in einer umfassenden, permanenten Krise. Die Corona-Krise beherrscht das Geschehen und Handeln und verdrängt andere lebenswichtige Aufgabenstellungen. Die im Vorspann aufgezeigten Schwachpunkte und Problemkreise sind alle nicht ausreichend vorangebracht worden. Hierbei sind generelle Fehlentwicklungen und Strukturschwächen eingetreten, die beseitigt werden sollten.

» Die in den Weltorganisationen (UN, WHO, WTO) und auch in der Europäischen Union (EU) bestehende Einstimmigkeit in der Beschlusslage stellt sich als Fehlkonstruktion heraus. Sie blockiert nahezu jede Beschlussfähigkeit.
» Die Politik verkommt zur Machtpolitik. Die Sachpolitik tritt in den Hintergrund. Das zeigt sich zurzeit in Deutschland. Der Wahlkampf, insbesondere innerhalb der Regierungskoalition, hat bereits begonnen.
» Parteipolitisches Verhalten neigt zu immanentem Verhalten, zur Politik des „Weiter so". Fehlentwicklungen werden nicht beseitigt und systemverändernde Maßnahmen werden nicht getroffen.
» Die Corona-Krise beherrscht das Geschehen. Weitere existentielle Problemkreise werden vernachlässigt oder verdrängt. Zu nennen sind die Umweltprobleme, insbesondere die Klimapolitik, und der „Soziale Sektor".

Hier sind dringend Reformen auf allen Ebenen nötig.

Organisatorische Reformen bleiben aus, sind aber dringend erforderlich.

Die repräsentativen Demokratien der westlichen Welt werden von den Parteien beherrscht. Die politischen Instanzen hinken dem aktuellen Geschehen hinterher. Großbritannien scheidet aus der EU aus – ein herber Verlust, ein Rückschlag.

Die Diktaturen der östlichen Welt halten sich oft nicht an die Menschenrechte und erfüllen die gesetzten Standards für lebenswichtige Ziele nicht. China schreitet auf dem Weg zur Vorherrschaft auf der Welt konsequent voran. Welche langfristigen Folgen damit verbunden sein werden, ist heute noch nicht abzusehen. Zu einer besseren Welt wird das nicht führen.

Klimaschutz und die Reduzierung der Umweltverschmutzung, insbesondere durch Plastik- und Atommüll, sowie durch fossile Brennstoffe finden nicht die benötigte Beachtung.

Die Erderwärmung um 2 % nimmt bedrohliche Formen an. In den letzten Tagen ist im Himalaya-Gebirge ein Gletscher zerbrochen. Eine Hochwasserflut war die Folge.

Die Schere zwischen Arm und Reich öffnet sich weiterhin. Stellvertreter-Kriege, Terrorismus und Waffenproduktion einschließlich nuklearer Aufrüstung beherrschen das Weltgeschehen. Der Kalte Krieg, jetzt zwischen China und den USA, formiert sich neu. Korruption, Drogenkonsum und Rassismus sind negative Begleiterscheinungen. Ständig steigender Konsum und stetiges Wachstum können in einer Welt mit begrenzten Ressourcen keine langfristigen Ziele sein. „Shareholder-Value" ist eine falsche Ausrichtung im „Neoliberalen Kapitalismus" in der westlichen Welt. Wir brauchen dringend mehr Nachhaltigkeit und soziale Sicherheit. Die zunehmenden Flüchtlingsströme können auf die Dauer nicht verkraftet werden. Die sich beschleunigende technische Entwicklung hin zur Digitalisierung und zu weltweit agierenden Technologie-Konzernen ist nicht nur positiv zu sehen. Sie bedürfen ordnender Rahmenbedingungen und der Regulierung.

Man könnte bei all diesen Fehlentwicklungen in Angst und Schrecken fallen und das nahende Ende befürchten. Es geht uns aber auf dieser Welt im Augenblick so gut wie nie zuvor. Aber wir überdehnen unseren Freiheitsspielraum. Wir leben über unsere Verhältnisse.

Wir sind seit 75 Jahren von einem weiteren Weltkrieg verschont geblieben – welch ein Glück! Aber Stellvertreter-Kriege, Wettrüsten, insbesondere die Produktion von Atomwaffen und Waffenexporte führen zur Verschwendung lebenswichtiger Ressourcen. Ist das nötig? Wer setzt hier die richtigen Zeichen?

Verschließen wir die Augen nicht. Widmen wir uns verstärkt den anstehenden Problemen. Es ist dringend erforderlich und es lohnt sich. Wer genau hinschaut, erkennt, dass viele Ansätze für eine Wende zum Guten gegeben sind. Sie reichen bei weitem nicht. Packen wir es an. Mögen sich die Gefahren und Enttäuschungen in Grenzen halten. Eine heile Welt wird es wohl nie geben!

2   Der Stufenplan

Es ist Anfang März 2020. Ein weiteres Gipfeltreffen der Kanzlerin mit den Ministerpräsidenten hat in diesen Tagen stattgefunden. Es muss ein hartes Ringen um das weitere Vorangehen (über 10 Stunden) gewesen sein. Trotz starken öffentlichen Drucks wurde der harte Lockdown nicht aufgegeben und bis zum 28. März verlängert. Der beschlossene Stufenplan (5 Stufen) ist aber ein Schritt in die richtige Richtung. Kontaktbeschränkungen und Sicherungsmaßnahmen wie z.B. die Maskenpflicht sind weiterhin sinnvoll, die Schließung ganzer Branchen hingegen nicht. Das war ein Schnellschuss in Zeiten der Unsicherheit. Aktuell geht es um die Bereitstellung von Impfstoffen und deren schnellen Verwendung, um umfassendes Testen und ärztliche Betreuung. Die Umsetzung dieser Aufgaben sollte von der Basis her aufgebaut und umgesetzt werden. Die politischen Instanzen sollten sich auf den nötigen Ordnungsrahmen und die Bereitstellung der Impfstoffe, Testverfahren und Masken konzentrieren. „Geimpft", „getestet", „genesen" („3G") könnte hier die Leitlinie bilden. Ein entsprechender Nachweis (digitaler Pass) würde hier helfen.

3   Die Inzidenzziffer

Ein Wort zur „Inzidenzziffer". Was sagt sie aus? Wir reden über Grenzwerte von 100, 50 und 35. Was bedeutet ein Grenzwert von „100"? Die Antwort: 100 Neuinfizierte auf 100.000 Einwohner in 7 Tagen (eine Woche). Multiplizieren wir diese Ziffer mit 52 Wochen, beträgt die entsprechende Jahreszahl für den Durchschnittswert der Neuinfektionen 5.200; das sind in Prozent (5.200 : 100.000) = 5,2 %!

Ein Vergleich mit den Werten des Jahres 2020 zeigt für Deutschland folgendes Bild:

Einwohner:	83.000.000	100,0 %	
Tote insgesamt	982.000	1,18 %	
Corona-Tote	70.000	0,1 %	
Infizierte/Jahr (I = 100)	4.316.000	5,2 %	(100x52W.x830)
Infizierte/Jahr (I = 65)	2.805.400	3,4 %	(65 % v. I = 100)
Neu-Infizierte/Tag	7.686	I = 65	(I/J=65 :365)
Neu-Infizierte/Tag	8.233	I = 70	(aktuell: 28.2 – 6.3.21)
Neu-Infizierte/Tag (Höchststand)	29.875	I = 252	(3,88 fache im Dez. 20)

Lassen wir diese Zahlen für sich sprechen, so können wir feststellen, dass wir uns im ersten Jahr nicht schlecht geschlagen haben. Ganz im Gegenteil: Deutschland befindet sich im Vergleich zu anderen Staaten in einem exponierten Zustand:

» Der harte Lockdown war notwendig.

» Das Gesundheitswesen hat gute Arbeit geleistet.

» Das vorsichtige, bedachte Vorgehen der politischen Instanzen war angebracht.

» Die Zeit für Lockerungen (Stufenplan) ist gegeben. Die Inzidenz-Ziffer 100 ist durchaus eine geeignete Maßgröße.

» Kontaktbeschränkungen und Sicherheitsregeln sind weiterhin sinnvoll.
» Wer infiziert ist, muss in Quarantäne.
» Die Umsetzung der beschlossenen Maßnahmen hat eklatante Schwächen aufgezeigt. Hier sollte der Grundsatz gelten: So viel Delegation wie möglich!
» Allgemeine Regeln, die von allen eingehalten werden, sind durchaus sinnvoll.

Abschließend können wir feststellen, dass wir in Deutschland in der zweiten Welle zwar zu spät gestartet sind, aber eine gute Entwicklung genommen haben. Im Vergleich zu anderen europäischen Staaten hat Deutschland eine exponierte Sonderstellung. Staaten, die eine Inzidenzziffer von 800 bis 1000 aufweisen (z. B. Tschechien), haben ganz andere Probleme. Ein Chefarzt einer Klinik einer Stadt in Tschechien hat in diesen Tagen zugestanden, dass sich täglich das Problem des „Triagieren" stellen würde. Das heißt, dass täglich zu entscheiden ist, wer auf der Intensivstation behandelt wird.

4 Die Corona-Krise eine „permanente Krise"

Ende März 2021 ist eine Wende festzustellen. Die dritte Welle der Corona-Krise hat sich weltweit durchgesetzt. Die wesentlich aggressiveren Mutanten beherrschen das Geschehen. Die Inzidenzziffern steigen überall wieder an. In Deutschland hat sich in kurzer Zeit die Inzidenz nahezu verdoppelt (von 70 auf über 120; Stand: 27. März 21). Die dritte Welle der Corona-Krise hat auch Deutschland voll erfasst. Ein weiterer Anstieg bis zum fünffachen Wert wird vom RKI nicht ausgeschlossen. Da müssen doch die Alarmglocken läuten. Das Gegenteil ist der Fall. Die Regierungsstellen erwecken zunehmend den Eindruck der Hilfslosigkeit. In letzter Zeit fehlt das nötige „fortune". Zunächst wird der Impfstoff von Astra-Zeneca gesperrt und nach zwei Tagen wieder freigegeben, dann werden zwei Ruhetage vor Ostern beschlossen und anschließend wieder aufgehoben. Urlaub auf Mallorca ist erlaubt, aber in Deutschland nur begrenzt möglich. Die Ministerkonferenz steht zunehmend in der Kritik. Der Bundestag fühlt sich übergangen, zu spät informiert und nicht integriert. Die einzelnen Bundesländer beschreiten eigene Wege, beugen sich zunehmend dem Druck der Bevölkerung. Erneute Schließungen von Schulen und Kitas stehen an. Der Lockdown ist zum wiederholten Mal bis Mitte April (18. April 21) verlängert worden. Es ist zu befürchten, dass es nicht das letzte Mal gewesen ist. Da bleibt nur die Hoffnung, dass im II. und III. Quartal dieses Jahres eine Wende erreicht wird, wenn mehr Impfstoffe bereitstehen, die eine Herdenimmunität bewirken. Die Hausärzte, die Betriebsärzte und auch einzelne Fachärzte-Gruppen sollten schnellstens in das System einbezogen werden. Wer geimpft, getestet oder genesen ist, könnte mit besonderen Rechten ausgestattet werden. Die Devise lautet: „Impfen, Testen und Heilen". Kontaktbeschränkungen und persönliche Einschränkungen sind notwendige begleitende Maßnahmen. Wo immer ein Hot Spot auftritt, muss individuell gehandelt werden.

5 Wird der Sommer die Wende bringen?

Wir stehen zurzeit da, wo wir vor einem Jahr auch standen. Die Inzidenzziffer ist niedrig. Hierzu haben neben den gestiegenen Impfungen sicherlich die ersten warmen Tage beigetragen. Die Corona-Epidemie ist eine Winter-Pandemie. Die Virologen und auch die Ärzte warnen, dass die Corona-Krise noch nicht überwunden sei und im Herbst mit steigenden Infizierungen zu rechnen sei. Das ist in Anbetracht der aufkommenden Euphorie sicher angebracht. Vorsicht und Zurückhaltung sind unverändert nötig. Es ist aber auch eine entscheidende Veränderung eingetreten, die Anlass zur Hoffnung gibt. Die Corona-Krise wird ab einer Impfquote von 80 % als beherrschbar eingestuft. Zurzeit liegt diese Impfquote in Deutschland bei 20 %. Die gestiegene Zahl der täglichen Impfungen (über 1 Million) lässt erwarten, dass wir uns in Deutschland im III. Quartal dieser Quote nähern können. Ab 7. Juni wird die „Priorisierung" der Impfungen aufgehoben und Kinder ab 12 Jahren werden in die Impfungen einbezogen. Das wird die positive Entwicklung unterstützen.

Die Gefahr einer vierten Welle besteht durchaus. Am Wochenende fand ein G 7-Treffen in Wales statt. Die kostenlose Bereitstellung von über 1 Milliarde Impfstoff-Dosen für arme Länder wurde beschlossen. Gleichzeitig musste der britische Premierminister Johnson eine beabsichtigte Aufhebung des Lockdown um einen Monat verschieben. Die indische Mutante „Delta" hat sich ausgebreitet und zu steigenden Infizierungen geführt. Auch in Dresden sind drei Fälle aufgetreten. Was kündigt sich hier an?

Es verbleibt aber eine weitere entscheidende Maßnahme. Wir müssen strategisch denken und handeln. Das bedeutet, wir müssen die Langfristigkeit und das Ausmaß der weltweiten Corona-Krise in die Überlegungen und Maßnahmen einbeziehen.

V.   Das Krisen-Szenario aus deutscher Sicht

Die Ausgangslage in Deutschland ist spezifisch und individuell. Deutschland ist gut aufgestellt aus der Finanzkrise hervorgegangen und hat die Corona-Krise im Vergleich zu vielen anderen Ländern bisher relativ gut in den Griff bekommen.

Es ist sehr zu begrüßen, dass der harte Lockdown nach hinten offengehalten wird und Lockerungen nur in Einzelschritten vollzogen werden. Nachbesserungen und Änderungen können jederzeit erfolgen.

Richten wir den Blick über Deutschland hinaus und beziehen die Einbindung in die EU in die Betrachtungen ein, ergibt sich ein anderes Bild. Die Corona-Krise wird uns dauerhaft begleiten. Die Finanz- und Schuldenkrise haben wir noch nicht überwunden. Die Flüchtlingskrise wird weiter anhalten, solange auf der Welt Kriege geführt werden. Die Klimakrise befindet sich in einer kritischen, weltbedrohenden Phase. Daran ändert auch die schnelle Anpassung des Klimaschutzgesetzes grundsätzlich nichts. Eine neue Krise kündigt sich weltweit an. Gemeint ist die Rentenkrise. Die Geburtenrate ist in den hochentwickelten Staaten der Welt zu niedrig. Die durchschnittliche Lebenserwartung steigt ständig weiter an. Die demographische Entwicklung wird zum Problem. Die nachfolgenden Generationen werden die Belastungen auf der Basis der derzeitigen gesetzlichen Regelungen nicht schultern können. Hier bedarf es der Reform der gesetzlichen Säule und der betrieblichen Altersversorgung. Sie bedarf ebenfalls der gesetzlichen Basis.

Die Pflege der Menschenrechte und die weltweite Aufrüstung kommen als Problemfelder hinzu. Der Westen kann sich nicht als Hüter der Menschenrechte aufspielen und Sanktionen erlassen. Er soll zuerst vor der eigenen Tür aufräumen. Ein weiterer Rüstungswettlauf bis hin zu Atomwaffen ist der falsche Weg.

Wir haben es mit einem Krisenbündel zu tun. Wir befinden uns in einer permanenten Krise. Sie ist zu einer Vertrauenskrise geworden. Die Politik hinkt hinter der Entwicklung hinterher.

Die Zukunft vorwegzunehmen und Zukunftserwartungen zu kapitalisieren und zu bilanzieren, ist keine gute Konzeption. Offensichtliche Fehlentwicklungen sind gegeben. Sie müssen beseitigt werden.

Eine eigenständige dritte Variante eines **geopolitischen Systems** zu schaffen, bedarf der grundsätzlichen Gestaltung. Wir müssen schon jetzt die erforderlichen Schritte andenken und vorbereiten. Wir müssen die Zukunft gestalten. Das erfordert, auf den gegebenen Rahmenbedingungen aufzubauen. Es erfordert aber auch, zwingende Systemanpassungen vorzunehmen.

VI.   Die Corona-Krise in Europa

Die Feststellung, dass zu Beginn der Corona-Pandemie die vorausgehende Finanzkrise nicht überwunden war, gilt für Europa in besonderem Maße. Das kommt im hohen Schuldenstand der einzelnen Länder und der damit verbundenen Überschreitung der Schuldengrenze in vielen Ländern der EU zum Ausdruck.

Die Corona-Krise hat bisher in den einzelnen Ländern der EU einen völlig unterschiedlichen Verlauf genommen. Die Voraussetzungen waren unterschiedlich und die Maßnahmen der einzelnen Staaten auf Basis der Eigenverantwortung nicht identisch. Infizierungen und die Zahl der Toten nahmen einen völlig unterschiedlichen Verlauf. Besonders in den südeuropäischen Ländern war der Verlauf der Krise dramatisch.

1 Ein Ländervergleich (Ende März 2021)

Ein Ländervergleich gibt einen eindrucksvollen Überblick über die aktuelle Situation:

Land	Inzidenz	Tote/100.0	Impfungen	Davon 2.Impfung
Deutschland	103	89	13,0 %	4,0 %
Österreich	236	98	14,5 %	3,6 %
Schweiz	115	109	13,6 %	5,0 %
Frankreich	270	140	13,7 %	3,6 %
Belgien	200	195	8,5 %	?
Spanien	61	156	14,3 %	4,5 %
Italien	255	173	13,9 %	4,2 %
Polen	400	150	10.4 %	?
Großbritannien			45,3 %	2,9 %
Ungarn			21,9 %	5,0 %

(Quelle: FAZ v. 23. u. 28. 03.21)

Die Übersicht lässt das gemeinsame Vorgehen in der EU, das unverändert als richtig anzusehen ist, erkennen. Allerdings zeigt sich auch eine leichte Umverteilung innerhalb der Staaten an.

Spanien und Italien kommen bei dieser Augenblicksübersicht zu gut weg. Sie kommen von einer viel schlechteren Ausgangssituation her. Hier haben harte Lockdown-Maßnahmen ihre Wirkung erbracht. Das Gleiche gilt für Portugal, das ein Beispiel geliefert hat, wie man der britischen Variante B.1.1.7 erfolgreich begegnen kann. Die Inzidenz konnte durch harte Lockdown-Maßnahmen von 878 Ende Januar auf 28,8 gesenkt werden. Trotzdem gelten hier die bisherigen Maßnahmen noch über Ostern weiter.

Frankreich ist ein Sonderfall. Die hier erfasste Inzidenzziffer für das Land differiert mit der Situation in Paris und Umgebung, wo ca. 40 % der Bevölkerung des Landes wohnen. Hier liegt nach neuesten Meldungen die Inzidenz der Altersgruppe von 10 bis19 Jahren bei 835. Die Auslastung der Intensivbetten wird in dieser Region mit 127,7 % angegeben. Die „Triage" ist auch hier die Folge. Es ist das zweite Land neben Tschechien, das in unserer unmittelbaren Nachbarschaft bereits an der Grenze der Belastbarkeit angekommen ist. Die Ärzte müssen über Leben und Tod einzelner Menschen entscheiden. Dies ist ein Zustand, der auf längere Zeit nicht zumutbar ist (Quelle: FAZ v. 30.03.21).

Und nun zu Deutschland: Wir stehen im Vergleich zu anderen EU-Staaten noch immer an vergleichbar guter Position. Die Befürchtungen des RKI-Instituts, die einen Anstieg der Neuinfektionen auf 100 000 pro Tag nicht ausschließen, sollten uns nicht in Angst und Schrecken versetzen. Eine solche Entwicklung würde zwar nach überschläglicher Rechnung zu einer Inzidenz im Bereich von 800 führen und auch uns an unsere Belastungsgrenze bringen. Noch haben wir aber alle Chancen, eine solche Entwicklung zu verhindern. Dafür ist schnelles, pragmatisches Handeln beim Impfen und Testen nötig. Wir dürfen uns dem Drängen der Öffentlichkeit nicht allzu sehr beugen. Die virtuelle Ministerpräsidenten-Konferenz findet sich zu keinen einheitlichen Vorgehensweisen bereit. Die parteipolitischen Positionen überlagern die Probleme der Corona-Krise. Die Bundeskanzlerin geht neue Wege. Eine Änderung des Infektionsschutzgesetzes im Schnellverfahren soll die Handlungsfähigkeit der Regierung sicherstellen. Für einzelne Inzidenzstufen sind Regelungen per Gesetz vorgesehen. Deren Umsetzung bleibt weiterhin in der Zuständigkeit der Länder. Das bedeutet eine Änderung des Vorgehens.

Inzwischen ist die Änderung des Infektionsschutzgesetzes mit zahlreichen Kompromissen von Bundestag und Bundesrat genehmigt worden. Die Regelungen beziehen sich auf Inzidenzen von 100, 150 und 165 bei einem ursprünglichen Ziel von 50. Die vieldiskutierte Ausgangssperre gilt ab 22 Uhr, eine

Stunde später. Man spricht von Notbremse. Die Wirksamkeit der einzelnen Regeln wird gleichzeitig infrage gestellt. Bestenfalls kann ein gleichmäßiges Vorgehen in den einzelnen Bundesländern erreicht werden.

Glücklicherweise hat sich die sinkende Tendenz der Inzidenz im Monat Mai kontinuierlich fortgesetzt. Die Inzidenz liegt zum Monatsende Mai bei 35. Im Juni ist die I-Ziffer sogar unter 20 gefallen. Die dritte Welle ist in Deutschland gebrochen.

2   Der Anleihekauf der EZB

Die Europäische Zentralbank setzt unverändert den Anleiheankauf in zweistelliger Milliardenhöhe pro Monat fort. Neu ist die Diskussion über eine stärkere Berücksichtigung von Klimarisiken, die von dem Präsidenten der Deutschen Zentralbank angestoßen wurde. Das ist ein richtiger Ansatz. Er bringt Hilfe, löst aber letztendlich das Problem nicht. Hinsichtlich der Preisstabilität sind wir in der EU (2 %) zwar besser aufgestellt als die USA (4 %). Sowohl die Corona-Krise als auch die Risiken des Klimawandels sind nicht mit „quantitative easing" zu lösen, lassen sich nicht mit Geld zuschütten.

3   Der Recovery Fonds der EU

Das gleiche Bild zeigt sich beim Wiederaufbau-Fonds, der von der EU in Höhe von 750 Mrd. € beschlossen wurde. Hier sollen im Juni die ersten13 %, ca. 80 Mrd., als „Vorfinanzierung" ausgeschüttet werden. Von 27 EU-Staaten haben nur 12 einen Aufbauplan vorgelegt, davon sollen nur sechs Pläne kurzfristig freigegeben werden. Die EU-Kommission handelt eigenmächtig. Das EU-Parlament übt Kritik, weil es nicht eingeschaltet wird. Die Aufbaupläne enthalten keine neuen Ansätze. Es geht langsam voran und es knirscht. Die Finanzierung soll über Anleihen mit 30-jähriger Laufzeit finanziert werden. Das ist ein weiterer Eingriff, der zu Lasten zukünftiger Generationen geht. Das ist nicht der richtige Weg. Für solche Schritte braucht die

EU einen eigenen Haushalt, der von der jetzigen Generation finanziert wird.

Wachstum um jeden Preis ist kein Ziel. Die knappen finanziellen Mittel müssen für konkrete Sachprogramme bestimmt sein, die uns in eine gesicherte Zukunft führen. Wir dürfen nicht über unsere Verhältnisse leben. Sparen ist angesagt.

VII. Die Ratsführerschaft Deutschlands ab 1. Juli 2020

Es ist reiner Zufall, dass in der Zeit der größten Krise in Europa Deutschland ab 1.Juli 2020 die EU-Ratsführerschaft für ein halbes Jahr innehatte. Es ist aber auch eine hilfreiche Fügung. Die deutsche Kommissions-Präsidentin, Ursula von der Leyen, kann Assistenz und Unterstützung gut gebrauchen. Unsere Bundeskanzlerin, Angela Merkel, hatte zu Beginn ein ambitioniertes Programm vorgestellt:

Aktuelle Aufgabenstellung:	Corona-Krise:
Laufende Aufgaben:	Digitalisierung
	Asylwesen
	Brexitabkommen
	EU-Haushalt
Grundsatzaufgaben:	Gesundheitswesen
	Klimawandel
Sonderaufgabe:	Verhältnis EU – China

Man braucht kein Prophet zu sein, um vorauszusagen, dass in einem halben Jahr so ein umfassendes Programm nicht in vollem Umfang umgesetzt werden kann. Es wird sich um Anstöße handeln. Auch diese sind nötig und helfen weiter. Erste Schritte sind eingeleitet. Die vorgesehene Konferenz der EU-Staaten mit Regierungsvertretern aus China ist zwar verschoben worden, eine virtuelle Konferenz der Bundeskanzlerin mit der chinesischen Regierung hat aber stattgefunden. Ein Handelsabkommen mit China ist zum Jahresende 2020 zustande gekommen. Viele Punkte sind ungelöst geblieben und müssen nachverhandelt werden. Die Menschenrechte sind nicht angesprochen worden. Entscheidend ist, dass wir handeln und uns bemühen, die Zukunft zu gestalten. Dazu gehört auch die weitere Zusammenarbeit mit China. Das betrifft besonders den Sektor der Nachhaltigkeit, den Klimawandel und den Gesundheitsbereich.

Es ist sicher kein Zufall, dass das einheitliche Vorgehen der EU beim Kauf von Impfstoffen in der Zeit der deutschen Ratsführerschaft stattfand. Es war ein wichtiger Schritt in die richtige Richtung. Die zögerliche Umsetzung erfolgte aber auch in dieser Zeit. Schauen wir, was weiter möglich ist. Wir dürfen bei allen Aktivitäten die EU nicht aus den Augen verlieren, was ein schwieriges Unterfangen ist.

Ein „Brexitabkommen" mit Großbritannien kam zum Jahresende zustande.

Leitzinsen nahe 0 % und keine Zinsen für Sparguthaben sind noch immer ständige Begleiter. Bei einem Ziel von einer Inflationsrate von 2 % und einem Zinssatz für Dispositionskredite von 13,75 % ist das ein problematisches Vorgehen zulasten des einzelnen Bürgers.

Die Europäische Kommission hat inzwischen das Wiederaufbauprogramm („recovery fonds") von 750 Milliarden durchgesetzt. Die vier sparsamen Länder Niederlande, Österreich, Dänemark und Schweden hatten zunächst widersprochen. Ein Kompromiss wurde inzwischen gefunden. Die Auszahlungen kommen, wie oben aufgezeigt, nur langsam voran.

Die unterschiedlich hohen Staatsschulden sind aber auch Ausdruck unterschiedlicher wirtschaftlicher Leistungskraft der einzelnen Länder. Hier ist Grundsatzarbeit erforderlich. Es bedarf der Ursachenforschung. Die praktizierte Struktur der sogenannten Geberländer und Nehmerländer wird dem vorhandenen, unterschiedlichen Leistungsvermögen in den einzelnen Ländern der EU auf lange Sicht nicht gerecht. Erste Zerfallserscheinungen sind gegeben. Der Brexit ist ein herber Verlust.

„Quantitative easing" ist nicht ausreichend. Kreativität und qualitative Maßnahmen sind gefragt.

Wir leben in einem Europa der unterschiedlichen Geschwindigkeiten, das heißt der ständigen Veränderung der Strukturen. Das erfordert Anpassungen in regelmäßigen Abständen. Der Europäische Bundesstaat ist noch in weiter Ferne. Die Zeit für die Aufgabe der Souveränität der einzelnen Staaten ist noch nicht gekommen. Den Staatenbund zusammenzuhalten, ist ein schwieriges Unterfangen. Das 2 Billionen-Programm der EZB ist inzwischen nur zu einem Teil verwendet worden (800 Mrd. €). Die Präsidentin der EZB, Christine Lagarde, hat angekündigt, den bestehenden Spielraum weiter zu nutzen. Der „recovery fonds" von 750.000 € steht bereit. Erste Auszahlungen als „Vorfinanzierung" stehen im Juni 2021 an.

Insgesamt wird Deutschland eine erfolgreiche Arbeit bescheinigt. Sie baute auf einer guten Zusammenarbeit zwischen Deutschland und Frankreich, zwischen Bundeskanzlerin Merkel und Staatspräsident Macron, auf.

Ab 1. Januar 2022 übernimmt Frankreich die Ratsführerschaft. Hoffentlich kann die gute Zusammenarbeit beider Länder fortgesetzt werden.

Wir müssen in weiteren einzelnen Schritten vorangehen. Der Aufbau gemeinsamer Aufgaben und der Ausbau eines eigenen Haushalts der EU muss unser Ziel sein.

VIII. Die Corona-Krise in den USA und der Welt

Die USA hat durch eine schnelle, pragmatische, die eigenen Interessen verfolgende Impfstrategie einen Vorsprung erzielt. Sie werden in der Zukunft für die weltweite Beherrschung der Corona-Krise und die Bereitstellung der benötigten Impfstoffe eine führende Rolle spielen. Das Zusammenwirken des deutschen Impfstoffentwicklers „Biontech" mit dem US-amerikanischen Pharma-Konzern „Pfizer" ist ein erfolgreicher Ansatz. Weitere Impfstoff-Hersteller stehen zur Verfügung. Zu nennen sind

Astra-Zeneca in Großbritannien und Schweden, Moderna und Johnson & Johnson in den USA. Die Genehmigung des Impfstoffes von Urevac, Tübingen, steht noch immer aus. Es steht noch ein langer Weg bevor.

Die Corona-Krise hat die ganze Welt erfasst, ist eine Pandemie geworden. Mitte Juni 2020 wurden über 7,4 Mio. Infizierte und 418.3 Tsd. Tote genannt. Im Vergleich hierzu betragen die Zahlen Ende März 2021:127 Mio. Infizierte, davon 71,8 Mio. genesen, und 2,78 Mio. Tote (Stand: 28.03.2021). Das zeigt eine atemberaubende Entwicklung an. Diese Zahlen sind zudem mit äußerster Vorsicht zu betrachten. Die veröffentlichten Zahlen sind wesentlich durch das unterschiedliche Vorgehen bei den Tests und die differenzierte Offenheit in der Berichterstattung bestimmt. Die Zahlen sind manipulierbar. Von einer erheblichen Dunkelziffer kann ausgegangen werden.

Einzelne Regionen und Länder wurden völlig unvorbereitet von der Krise überrascht. Zu nennen sind insbesondere Afrika, Indien und Brasilien. Viele Länder der Welt verfolgen ein eigenes, zum Teil eigenwilliges Vorgehen. Die Welt befindet sich mitten in der Corona-Krise. Nur gemeinsam ist die Krise zu überwinden.

Das Vorgehen in Deutschland und Europa ist zunächst getrennt von der Weltlage zu sehen und zu gestalten. Die Beherrschbarkeit der Corona-Krise ist das Nahziel. Es wird in Deutschland im Jahr 2021 und in Europa im Jahr 2022 angestrebt. Auf der Welt wird es vorerst kein „nach der Krise" geben. Die Gesundheit ist ein Dauerthema. Die Versorgung aller betroffenen Länder der Erde mit Impfstoffen dürfen wir nicht aus den Augen verlieren. Das ist und bleibt das gemeinsame Ziel. Vertrauen wir der Pharmaindustrie der Welt.

Selbst die USA unter Führung ihres neuen Präsidenten entwickelt Ansätze zur Korrektur des eigenen Systems, dem neoliberalen Kapitalismus. Joe Biden hat Ende April 2021 in seiner Rede vor beiden Kammern des Kongresses die Position vertreten, dass es schon lange keine Verteilungsgerechtigkeit mehr gebe. Er sieht die Zeit gekommen, dass der Staat sich um die Belange der Arbeiter und der Mittelschicht kümmert. Er plant ein Investitionsprogramm von 6 Billionen Dollar für Sozialausgaben, Infrastruktur und Klimapolitik. Er spricht von der Krise des Kapitalismus in den USA. Er setzt auf niedrige Zinsen, stabile Inflation und keine Steuererhöhungen für Jahreseinkommen bis zu 400.000 Dollar. Hohe Staatsschulden bis zu 109 % des BIP stuft er als nicht gefährlich ein. Es ist ein anspruchsvolles Programm mit systemischem Charakter. Hoffentlich gelingt die Umsetzung.

Die Inflation hat in den USA bereits angezogen (4,2 % im April 2021). Steigende Zinsen werden nicht ausgeschlossen. Die Staatsschulden werden weiter steigen (113 % des BIP). Es wird diskutiert, ob es sich um eine vorübergehende Erscheinung (in Bezug auf die niedrige Vorjahresbasis) handelt oder eine langfristige Entwicklung eingeleitet wurde. Die USA steht vor einem langen schwierigen Weg.

IX. Das Verhältnis USA – China

Die USA und China sehen sich als die führenden Nationen der Welt und verfolgen ein ausgeprägtes Hegemonieverhalten. Sie sind beide bemüht, möglichst viele Länder ihrem System unterzuordnen und in ihren Machtbereich einzugliedern. Beide sehen sich als systemische Rivalen. Sie streben nach Autarkie und sind nationalistisch ausgerichtet. Eine neue Blockbildung deutet sich an. Ein neuer „Kalter Krieg" hat begonnen, diesmal zwischen den USA und China.

Im globalen Weltmarkt sehen sie sich als Konkurrenten im Wettbewerb, weniger als Partner im multilateralen Geschehen. Gegenseitige Sanktionen bringen uns nicht weiter. Sie führen nur zur Verhärtung der gegenseitigen Positionen. Stattfindende Konsultationen können nicht schaden.

China hat geopolitisch bereits einen Satelliten, der strategisch gleich ausgerichtet ist, aber eigenständig handelt. Gemeint ist Russland. Warum bilden wir nicht auch eine eigenständige Variante zum Neoliberalismus US-amerikanischer Prägung?

In dieser Gemengelage muss sich Deutschland im Zusammenwirken mit Europa auf seine Stärken besinnen. Europa ist die drittstärkste Wirtschaftsregion der Welt. In der Zukunft kann Europa nur unter Gleichberechtigten bestehen. Daher brauchen wir in Europa ein eigenständiges, unabhängiges Politsystem, das auf eigener Entscheidungskraft aufbaut.

Das Abkommen zwischen der EU und China, das nach Verhandlungen über sieben Jahre zum Abschluss gekommen ist, soll den gegenseitigen Handel voranbringen. Zwangsarbeit in China soll vermindert werden. Die Menschenrechte werden nicht angesprochen. Erste Zweifel, ob China das Abkommen umsetzen wird, kommen auf.

Inzwischen, im März 2021, haben die USA und die Europäische Union Sanktionen gegen China beschlossen. Die Gegenreaktionen folgten unmittelbar. Mit Sanktionen wird der falsche Weg beschritten. Sie schaden beiden Seiten.

Die USA setzen unter dem neuen Präsidenten Joe Biden den harten Kurs gegenüber China fort. Hierfür sprechen die Maßnahmen im Finanzsektor und auf dem Gebiet des öffentlichen Auftragswesens. Die Liste der Unternehmen, für die ein Investitionsverbot besteht, wurde von 48 auf 59 Unternehmen aufgestockt. Im Sektor des öffentlichen Auftragswesens sind Gegenmaßnahmen vorgesehen, die eine Gleichstellung anstreben. Der chinesische Sektor des öffentlichen Auftragswesens ist für ausländische Firmen weitgehend verschlossen.

Fakt ist: Der gegenseitige Waren- und Dienstleistungsverkehr steigt im laufenden Jahr an. Das steht in Zusammenhang mit dem starken Wachstum beider Länder (Prognose: + 6 %) und der gegenseitigen Abhängigkeit auf einzelnen technologischen Gebieten und bei begrenzt verfügbaren Rohstoffen.

Fest steht: Auf wichtigen Gebieten werden wir die anstehenden Aufgaben nur lösen, wenn die USA und China zusammenwirken und an einem Strang ziehen. Hierzu zählen in jedem Fall die Versorgung der Dritten Welt mit Impfstoffen gegen die verschiedenen Mutanten des COVID-19-Virus und der Klimawandel.

Im Streit der geopolitischen Wirtschaftssysteme wird schließlich im gegenseitigen Wettbewerb entschieden, welches das bessere System ist.

China scheint hier die besseren Voraussetzungen zu haben. Das betrifft die Verfügbarkeit von wichtigen Rohstoffen und von kostengünstigen Produktionskapazitäten. Der Westen muss noch nachweisen, dass er über das effizientere geopolitische System für die Zukunft verfügt.

X.   Die vierte und fünfte Welle der Corona-Krise

Wir reden zurzeit in Deutschland von Impfstoffmengen im Bereich von dreistelligen Millionenzahlen, es werden aber Milliarden jährlich benötigt, wenn wir die Weltbevölkerung ausreichend bedienen wollen. Das ist, ganz grob gerechnet, die 100-fache Menge. Es kann keine Lösung der Krise sein, wenn sich zehn Staaten 76 % der verfügbaren Impfstoffe sichern. Auch die egoistische und eigennützige Vorgehensweise der USA und Großbritanniens, die beide auf die Versorgung der eigenen Bevölkerung bedacht waren und Exportverbote veranlassten, kann nur eine vorübergehende Vorgehensweise sein. Sie ist nur aufgrund der kritischen Lage, in der sich beide Länder zu jenem Zeitpunkt befanden, zu erklären. Diese Verhaltensweise wird inzwischen nicht mehr konsequent verfolgt. Beide Länder liefern bereits wieder an Drittländer, wenn auch in begrenztem Umfang.

1   Die vierte Welle der Corona-Krise

Die Bundesregierung hat in diesen Tagen erste Ansätze in die Richtung des Ausbaus der Produktion von Impfstoffen angedeutet. Der Leiter der neu gebildeten Taskforce zur Impfstoffproduktion hat erste Berechnungen vorgestellt, die für Europa langfristige, jährliche Produktionen von 2 Mrd. Dosen Impfstoffe vorsehen. Es werden Gespräche mit den verschiedensten Herstellern geführt. Ein Budget liegt noch nicht vor. Man will ein Förderprogramm auflegen. Von konkreten Maßnahmen ist man noch weit entfernt. Das reicht noch nicht. Das Weiterkommen wird wesentlich durch die Verfügbarkeit von knappen Rohstoffen und die Bereitstellung von technischem Knowhow bestimmt werden.

Für Deutschland fällt insbesondere auf, dass das Unternehmen „Curevac" nicht in die Überlegungen einbezogen wird. Ein Impfstoff ist entwickelt. Die Erprobung ist eingeleitet und weitgehend umgesetzt. Eine Genehmigung wird neuerdings bis August 2021 erwartet. Hierfür würden ein beschleunigtes Genehmigungsverfahren für den entwickelten Impfstoff, eine parallele Fertigung und ein unmittelbarer Impfbeginn sicher helfen. Das wäre eine pragmatische Vorgehensweise mit finanziellem Risiko. Vertrauen wir der deutschen Leistungskraft und Gründlichkeit. Stellen wir die Fördermittel schnellstens zur Verfügung. Ob wir auf die Ergebnisse von 20.000 oder 36.000 geimpften Probanden zurückgreifen, kann doch nicht entscheidend sein. Die anderen Länder machen es doch auch. Was in den USA geht, könnten wir doch auch versuchen.

Für die EU ist die Planung der langfristigen Produktionskapazitäten sicher angemessen. Es dürfte sich noch nicht um Reservekapazitäten handeln. Wir werden solche Mengen langfristig benötigen und müssen vorsorgen. Ein entsprechender Ansatz ist auf politischer Ebene inzwischen erkennbar. Die EU hat aus den Fehlern der Vergangenheit offensichtlich gelernt. Bestellungen in Milliardenhöhe sind geplant. Die Verbindung mit Biontech besteht.

Am 30. März 2021 erreicht uns zwar eine neue Hiobsbotschaft, der Impfstoff von Astra-Zeneca wird für den Personenkreis unter 60 Jahren gesperrt. Es sind weitere 31 Fälle von Thrombose aufgetreten, davon 7 Todesfälle. Für ältere Personen steht der Impfstoff weiter zur Verfügung und soll auch weiter eingesetzt werden. Hoffentlich geht das Vertrauen nicht verloren.

Es gibt aber auch positive Nachrichten. Das deutsche Unternehmen „Biontech" aus Mainz hat in diesen Tagen über das Geschäftsjahr 2020 berichtet und positive Zahlen vorgelegt. Das Unternehmen hat erstmals die Gewinnzone erreicht. Viel entscheidender sind aber die Informationen über die Fertigung und die Bereitstellung des entwickelten Impfstoffes gegen das COVID-19-Virus. 200 Mio. Dosen sind inzwischen ausgeliefert, davon nur 12 Mio. nach Deutschland. Bis Ende 2021 sollen 1,4 Milliarden Dosen geliefert werden, davon 100 Mio. nach Deutschland. Im April sollen die ersten Lieferungen aus Marburg geliefert und geimpft werden. Eine Produktionsstätte der Behringer Werke konnte im Herbst vergangenen Jahres von Novartis übernommen und in kurzer Zeit umgerüstet werden. Die jährliche Produktionskapazität wurde von ursprünglich 750 Mio. Dosen auf 1 Milliarde erhöht. Zusammen mit Pfizer, USA, ist in diesem Jahr eine Produktion von 2,5 Mrd. Dosen geplant. Für 2023 sind 3 Milliarden vorgesehen. Die weiteren Planungen sind auf zehn Jahre ausgerichtet. Sie schließen wiederholte Impfungen in die Überlegungen ein. Es ist bereits konkret eine dritte Impfung vorgesehen, man spricht von einer „Auffrischung". Auch die Fortentwicklung des Impfstoffes gehört zum Programm.

Ähnliche kooperative Ansätze bestehen zwischen den US-amerikanischen Unternehmen Johnson & Johnson und Merck. Hier hat Merck die Entwicklung von eigenen Impfstoffen eingestellt und konzentriert sich auf die Entwicklung von Medikamenten, die die Impfungen begleiten und besonders zur Milderung der Folgeerscheinungen beitragen.

Vertrauen wir der Pharma-Industrie. Sie ist auf dem richtigen Weg. Die Unterstützung der politischen Instanzen und auch der internationalen Finanzwirtschaft ist eine notwendige Begleitmaßnahme, die nicht fehlen darf.

Wenn aber die ganze Welt versorgt werden und Europa hier einen entscheidenden Beitrag leisten soll, ist eine weltweite Kooperation aller Pharmaunternehmen eine strategische Notwendigkeit. Soweit das nationale Patent- und Lizenzrecht hier Grenzen setzt, sollten diese Grenzen durch eine entsprechende internationale Verordnung zumindest auf Zeit ausgesetzt werden. Hier könnte die World Health Organisation (WHO) mitwirken. Das Anliegen wäre auch ein Thema für einen „G 20-Gipfel". Hier muss angesetzt werden. Hier kann Globalisierung sich bewähren. Wir müssen in die Position kommen, dass wir die Corona-Krise weltweit beherrschen. Fehlende Rohstoffe, die Vermittlung von technischem Knowhow und der Aufbau der benötigten Fertigungskapazitäten werden bestimmend sein für das Vorankommen.

2 Die fünfte Welle der Corona-Krise

Was bleibt, ist neben der Langfristigkeit des Problems das weltweite Ausmaß der Pandemie. Es ist nichts vorbei, wenn wir in Deutschland oder auch in der EU, in Gesamteuropa, in den USA und auch in China eine Stabilisierung erreichen. Das Problem kann nur weltweit gelöst werden. Wir müssen auch die Verantwortung für die Versorgung der übrigen Länder der Erde in die Vorgehensweise einschließen. In dieser Sicht müssen wir uns darauf einstellen, dass das COVID-19-Virus weitere Mutanten entwickeln und uns dauerhaft begleiten wird. Die letzte Nachricht weist in dieser Hinsicht auf die Ausbreitung der indischen Variante „Delta" in Großbritannien hin. Es wird vorerst keine Zeit nach dem Virus geben. Wir werden damit leben müssen. Das bedeutet wiederum, dass wir dauerhaft den entsprechenden Impfstoff bereitstellen und die Produktionsvoraussetzungen schaffen und bereithalten müssen. Hierzu zählt die Weiterentwicklung der Impfstoffe unter Einbeziehung der Wirkungen neuer Mutanten und auch die Verfügbarkeit von Medikamenten, die die Auswirkungen der Folgewirkungen der Erkrankung einschränken und mildern. Auch diesem Bereich muss noch mehr Aufmerksamkeit geschenkt werden.

Vergessen wir nicht, dass wir eine Weltbevölkerung von 7 Milliarden Menschen haben, die in zehn Jahren auf 10 Milliarden ansteigen kann. Wir werden die Corona-Krise dann beherrschen, wenn wir gemeinsam die gesamte Weltbevölkerung mit den erforderlichen Mengen an geeigneten Impfstoffen versorgen können. Dabei ist einzurechnen, dass wir in Zukunft wiederholt Impfungen in regelmäßigen Abständen benötigen werden. Wir werden noch lange mit dem Virus leben müssen. Ein internationales Zusammenwirken aller Pharma-Unternehmen wird nötig sein. Setzen wir unser Vertrauen in das Engagement der Branche weltweit. Erste Kooperationen bestehen bereits. Es ist der richtige Weg. Es wird ein langer Weg. Die Versorgung aller Länder der Erde steht an. Die Unterstützung der übergeordneten Organisationen wird nötig sein.

Vorsicht ist weiterhin geboten. Noch herrscht Unsicherheit in wichtigen Fragen. So ist noch nicht geklärt, wie lange der Impfstoff wirkt. Es wird von zwölf Monaten ausgegangen. Pessimistische Einschätzungen sehen sechs Monate vor. Im Jahr 2022 wird wohl die Auffrischung anstehen. Eine stetige Wiederholung ist die zu erwartende Folge. Das bedeutet eine weitere Mammutaufgabe (FAZ, 16.05.2021).

Vertrauen wir auf die Vernunft der Menschheit und die Leistungsfähigkeit der Medizin und der Pharma-Industrie in der Welt.

E GRUNDLAGEN DER MENSCHLICHEN GESELLSCHAFT

I. Die Darstellung in Trilogien

Die nachfolgenden Ausführungen sind schwerpunktmäßig auf den wirtschaftlichen Sektor ausgerichtet. Politische Themen werden insoweit einbezogen, wie sie mit den wirtschaftlichen Problemen eng verflochten sind.

Die Ausführungen beziehen sich in ihrer Darstellungsform auf „Trilogien". Das heißt, es werden, wann immer es angebracht erscheint, drei zusammenhängende Begriffsinhalte in ihrer Beziehung abgehandelt. Dabei wird auf die Klärung der verwendeten Begriffsinhalte besonderer Wert gelegt.

Es wird im Folgenden der Versuch unternommen, eine Diskussionsgrundlage für ein zukunftsfähiges System-Konzept im Bereich der Wirtschaft vorzubereiten.

II. Die Menschenrechte als Ausgangsbasis

~ 1 ~ Freiheit – Gleichheit – Brüderlichkeit

> *„Alles Große und Inspirierende wird*
> *von Menschen geschaffen,*
> *die in Freiheit arbeiten können."*
> *(Albert Einstein)*

Der Mensch steht im Mittelpunkt des Weltgeschehens.

Seit der Aufklärung, der im 18. Jahrhundert in Europa herrschenden Geistesbewegung, wird „das als vernünftig und zweckmäßig Erkannte gegenüber dem geschichtlich Überkommenen oder nur gewohnheitsmäßig Eingelebten" zur Geltung gebracht. (Der Neue Brockhaus, 1960) Die Anfänge der Aufklärung reichen bis zur Reformation und zur Renaissance zurück. „Der Grundgedanke der Aufklärung ist, die Vernunft mache das eigentliche Wesen des Menschen aus und enthalte daher den allgemeinen Wertmaßstab für alle menschlichen Werke, Tätigkeiten und Lebensverhältnisse in sich." Erst die Aufklärung hat den Menschen zu seiner Selbstbestimmung und seiner Mündigkeit geführt. (Der neue Brockhaus, 1960).

Die Französische Revolution (14. Juli 1789) und die amerikanische Unabhängigkeitserklärung (1796) sind von der Aufklärung geprägt. Die Französische Revolution basiert auf den Prinzipien liberté – egalité – fraternité.

Der deutsche Philosoph Georg Wilhelm Friedrich Hegel hat diese Grundsätze aufgenommen und zu einer Philosophie der Freiheit als ein in sich geschlossenes System der Freiheit gestaltet. Er hat die Philosophie als Wissenschaft in Deutschland wesentlich mitgestaltet. In einem ersten Schritt hat er die Begriffe der Freiheit und der Vernunft zu einer Einheit zusammengeführt. Das Wesen des Menschen sieht er in seinem „freien Willen" begründet. Seinen vernunftbasierten Willen kann der Mensch nur in dem ihm gegebenen Freiheitsspielraum ausüben. Die Freiheit wird so zum existentiellen unverzichtbaren Recht des Menschen. Dieses Recht steht über dem Staatsrecht. Es wird dem Menschen vom Staat garantiert und wird so zum Menschenrecht. Freiheit ist nicht absolut, nicht unbegrenzt.

In einem zweiten Schritt werden die Menschenrechte durch die Moralität ergänzt. Es sind die Grundprinzipien, die die menschliche Gemeinschaft bestimmen, die Gleichheit (egalitè). Diese Kategorie fällt in die Zuständigkeit des Staates. Im Bereich der Geisteswissenschaften ist es die Lehre der Soziologie. Der Staat garantiert jedem Bürger gleiche Rechte, gleiche Grundvoraussetzungen. „Als Teilhaber an der bürgerlichen Gesellschaft sind alle gleich, als Subjekte mit konkreten Bedürfnissen, Fähigkeiten, Tätigkeiten und Interessen sind sie ungleich. Die konkrete Person als ein Ganzes von Interessen und Bedürfnissen hat nur sich selbst zum Zweck, steht aber in wechselseitigen Beziehungen zu anderen Besonderen". (Klaus Vieweg, Hegel, der Philosoph der Freiheit, Seite 505)

Gleichheit bezieht sich auf die gleiche Behandlung des Einzelnen, auf die Gleichheit vor Gesetz und Ordnung. „Die Verstandesgemeinschaft bleibt innerlich zerrissen, sie erweist sich als System der Konkurrenz, als Kampfplatz des individuellen Privatinteresses aller gegen alle." (Klaus Vieweg, Hegel als Philosoph der Freiheit, S. 505) Gleichheit gibt es in der menschlichen Gemeinschaft nicht.

Als dritter Schritt folgt die Sittlichkeit. Sie betrifft das menschliche Zusammenleben, die Brüderlichkeit (fraternitè). Sie findet in Ehe und Familie ihre äußerliche Organisationsform. Die Familie ist die erste Stufe der bürgerlichen Gesellschaft. Familie als unmittelbarer Zusammenschluss wird als „vermittelte Verbindung besonderer Einzelner" definiert. Der Begriff „Bürger" bleibt für den Staatsbürger reserviert.

Die Menschenrechte sind für Deutschland im Grundgesetz vom 23. Mai 1949 allen weiteren Regeln vorangestellt:

» Art.: 1, (1): „Die Würde des Menschen ist unantastbar".
» Art.: 2, (1): „Jeder hat das Recht auf die freie Entfaltung seiner Persönlichkeit, soweit er nicht die Rechte anderer verletzt und nicht gegen die verfassungsmäßige Ordnung oder das Sittengesetz verstößt".
» Art.: 3, (1): „Alle Menschen sind vor dem Gesetz gleich".
» Art.: 4 u. 5: Glaubensfreiheit und Recht auf freie Meinungsäußerung sind Grundrechte.
» Art.: 6, (1): „Ehe und Familie stehen unter dem besonderen Schutz der staatlichen Ordnung".

Die Würde des Menschen kann nicht verordnet werden. Sie muss gelebt werden. Sie bedarf der Gestaltung und der ständigen Fortentwicklung. Diese Ordnung der menschlichen Gesellschaft nennen wir auch die „soziale Ordnung". „Sozial" ist dabei im Sinne von menschenfreundlich zu verstehen. Freiheit, Gerechtigkeit und Frieden (Art. 26 Grd. Ges.) sind Grundlagen jeder menschlichen Gemeinschaft.

Freiheit ist die Freiheit, die die anderen einem lassen, nicht die Freiheit, die man sich nimmt. Freiheit ohne Ordnung ist Chaos.

„Das Gesetz nur kann uns Freiheit geben". (J. W. Goethe)

Die Menschenrechte gelten grundsätzlich in der westlichen Welt. Es besteht auch kein Zweifel: Sie sollten in der ganzen Welt gelten. Es ist aber festzustellen, dass in der Realität die Menschenrechte nirgends auf der Welt hinreichend befolgt werden, auch nicht im Westen. Der Mensch ist mit der Zeit zunehmend „mündig" geworden. Er denkt und handelt eigenständiger. Der Mensch lenkt das Geschehen in der Welt. Wer die menschliche Arbeit und Leistung als Kostenfaktor einstuft, beachtet die Menschenrechte nicht hinreichend. Umverteilung und mehr Wohlfahrtsstaat sind auf Dauer keine Lösungen.

III. Die Philosophie als Geisteswissenschaft

Im historischen Ablauf ergibt sich über viele Jahrhunderte hinweg nachweisbar ein ständiger Wechsel in der jeweils höherrangigen Einstufung der Geisteswissenschaften oder der Naturwissenschaften. In Zeiten großer naturwissenschaftlicher Fortschritte und Erkenntnisse traten die Naturwissenschaften in den Vordergrund. In Zeiten der Not und in Kriegszeiten erlangten die Geisteswissenschaften, einschließlich der Theologie, einen höheren Stellenwert. Bezüglich dieser Zusammenhänge habe ich einen Antrittsvortrag eines Rektors der Frankfurter Johann Wolfgang von Goethe Universität, der der Philosophischen Fakultät angehörte, aus den frühen 1960er Jahren in Erinnerung, der diese These mit Beispielen belegte.

Ausgehend von diesen Wechselbeziehungen hat sich in der westlichen Welt in den letzten Jahrhunderten eine Entwicklung eingestellt, die den Naturwissenschaften einen zunehmenden Vorrang verschafft hat. Es ist die Zeit der Aufklärung.

Die deutsche Philosophie hat hervorragende Vorarbeit geleistet. Immanuel Kant (22.04.1724 – 12.02.1804) und Georg Wilhelm Friedrich Hegel (27.08.1770 – 14.11.1831) sind bekannte Vertreter der Philosophie jener Zeit. Diese Zeit ist von der Epoche der Aufklärung geprägt.

Kant hat die Lehre von der Logik wesentlich gestaltet. Sie regelt das System des menschlichen Denkens und der Sprache. Hegel wird als der Philosoph der Freiheit bezeichnet. (Klaus Vieweg: Hegel, Der Philosoph der Freiheit, 2. Auflage, 2020, C. H. Beck, München). Hegel hat – aufbauend auf den Grundgedanken der Aufklärung und den Grundprinzipien der Französischen Revolution – wesentlich zur Ausgestaltung der Philosophie als Wissenschaft in Deutschland beigetragen.

~ 2 ~ Materialismus – Idealismus – Liberalismus

Ein Grundmuster philosophischen Denkens ist der Konflikt zwischen Materialismus und Idealismus. Der Materialismus ist die herrschende philosophische Anschauung. Sie lässt nur die Natur als ursprünglich zu und leitet Bewusstsein und Geist aus der Materie her. Im Gegensatz hierzu formuliert der Idealismus den erkenntnistheoretischen Primat (Vorrang) des Geistes. Dabei wird Geist als die höhere Stufe des Seins gegenüber der Natur verstanden. Geist entsteht nach Hegel „in Geschichte, in Recht, Staat, Kunst, Religion, Philosophie".

Die Aufklärung brachte dem Materialismus den Durchbruch. Der Grundgedanke der Aufklärung war, die Vernunft mache das eigentliche Wesen des Menschen aus und enthalte daher den allgemeingültigen Wertmaßstab für alle menschlichen Werke, Tätigkeiten und Lebensverhältnisse in sich. Die Aufklärung hat in unserer westlichen Welt den Menschen zur Selbstbestimmung und Mündigkeit geführt. Volksbildung, Bauernbefreiung, Rechtspflege, vernunftgemäße natürliche Religion anstatt kirchlicher Bevormundung und vieles andere sind die wesentlichen Errungenschaften. Die Aufklärung verstand unter Wissenschaft die „gesellschaftlich organisierte Produktion von Erkenntnis im Bereich objektiver Realität". Das waren die Naturwissenschaften.

Die Naturwissenschaften stützen sich auf die These, dass alles im Augenblick der Entstehung des Universums als Möglichkeit vorhanden war. Damit wird eine Urkausalität angenommen, die sich der eigenen analytischen Methode entzieht. Wissenschaftlichkeit, die in der Begrenzung der Erkenntnis auf materialistischem Beweiswissen aufbaut, trägt den Widerspruch in sich.

Der Materialismus brachte zudem den Realismus hervor, der ebenfalls materiell und „ungeistig" ist. Er bewirkt die erkenntnistheoretische Rückführung der Wirklichkeit auf Beziehungen und Funktionen. Der Realismus ist durch Kants Vorstellung geprägt, es gebe kein Ding an sich. Die Dinge seien selbst nicht zu erkennen, nur ihre Beziehungen. Das ist das Gedankengut des „Relativismus".

Die moderne Quantentheorie, das „Raum-Zeit-Kontinuum" und das damit in Zusammenhang stehende Denken in Möglichkeiten bestimmen die folgenden Entwicklungen der Geistesrichtung des Materialismus.

Unser aktuelles westliches Weltbild ist gekennzeichnet durch eine grundlegende Differenz zwischen Wissenschaft und Gesellschaft.

Wissenschaftliche Grundidee und gesellschaftliche Wirklichkeit klaffen weit auseinander. Da gibt es etwas, was über die erkenntnistheoretische Beweisbarkeit weit hinausreicht.

Das Dogma der Aufklärung, die Beweisbarkeit, ist selbst nicht beweisbar.

Wissenschaftliche Systeme werden zudem nie in reiner Form umgesetzt.

Hegel hat den Menschen in seinem Wesen als Subjekt, als Einheit aus Freiheit und Vernunft über die Moralität und die Sittlichkeit zur Person und Persönlichkeit fortentwickelt. Im Rechtswesen ist der Mensch entsprechend als „natürliche Person" eingeordnet. Diese ist eine „eigene Rechtspersönlichkeit". Kein Mensch kann an einem anderen Menschen Eigentum erwerben.

Hieraus leitet sich auch ab, dass kein Mensch das Recht hat, einen anderen Menschen zu töten.

In der Relation des Menschen als „Subjekt" zur Sache, zum Objekt, entsteht „Eigentum". Der Mensch kann Eigentum an Sachen, Dienstleistungen und Finanzmitteln erwerben.

Aus diesem Gedankengut entwickelt sich der Liberalismus, eine Staats-, Wirtschafts- und Gesellschaftsauffassung, die der ungehinderten Selbsttätigkeit des Menschen entscheidenden Wert zumisst; eine Bestrebung, die Staatsleben, Wirtschaft und Kultur nach dieser Anschauung gestaltet.

Trotz Aufklärung und Französischer Revolution hält sich die vorausgehende Staatsverfassung des Absolutismus, die Herrschaft der Monarchien und des Adels, im 18. und 19. Jahrhundert noch über einen längeren Zeitraum.

Die bald folgende Aufspaltung in eine gemäßigte und eine radikale Richtung des Absolutismus brachte die „soziale Frage" ins Spiel. In weiten Teilen Europas herrschte noch für längere Zeit die radikale Richtung, der monarchische Absolutismus, bei dem der Träger der Staatsgewalt gegenüber den Untertanen die uneingeschränkte Macht besitzt. Der französische König Ludwig der XIV. und der preußische König Friedrich der Große waren die bekanntesten Vertreter dieser Epoche, die Jahrhunderte zurückreicht. Die Umsetzung der sozialen Komponente befand sich auf einem schwierigen Weg. Einen ersten Schritt vollzog der Deutsche Reichskanzler Bismarck mit der Einführung der Sozialgesetze. Der eigentliche Durchbruch gelang in Deutschland erst nach dem 2. Weltkrieg mit dem Grundgesetz der Bundesrepublik von 1949.

Die „Soziale Marktwirtschaft" wird zu einer einzigartigen Erfolgsgeschichte, wobei die Marktwirtschaft auf dem Kapitalismus, einer liberalen Wirtschaftsgesinnung mit Anerkennung des Privateigentums, aufbaut und die „soziale Komponente" nur als Stilgedanken, der der ständigen Gestaltung bedarf, verstanden wird und nicht als in sich geschlossenes Konzept.

~ 3 ~ *Gewinn – Eigentum – Kapital*

Gewinn, Eigentum und Kapital sind systemimmanente Elemente unserer Verfassung. Die Inhalte dieser drei Begriffe bestimmen unser Wirtschaftssystem entscheidend. Wer eine „Staatsreform" fordert, muss bei der Neufassung dieser Begriffsinhalte anfangen. Das ist eine wesentliche Aufgabenstellung der nachfolgenden Ausführungen. Den Begriff „Eigentum" haben wir oben bereits definiert. Die Inhalte der drei Begriffe (Gewinn, Eigentum und Kapital) und deren Zusammenhang bestimmen die nachfolgenden Ausführungen. Das ist das Thema dieses Buches.

Die soziale Komponente ist in wesentlichen Ansätzen vorhanden. Sie ist auf der Ebene des Staates gesetzlich geregelt und darüber hinaus der freien Gestaltung in den Unternehmen übertragen. Sie bedarf der weiteren Ausgestaltung, der gesetzlichen Verankerung.

Wer die Menschenrechte zusichert – garantiert –, muss dafür sorgen, dass die Menschenrechte eingehalten werden. Er muss sich „menschenfreundlich", also sozial, verhalten. So gesehen ist die „soziale Komponente" ebenfalls inhärenter Bestandteil des Systems. Wer den Menschen im Mittelpunkt des Geschehens sieht, muss seine Leistung entsprechend anerkennen. Er muss die menschliche Arbeitskraft am Erfolg der wirtschaftlichen Betätigung angemessen beteiligen.

Keiner, der sich der Gemeinschaft zuordnet, will die Weltordnung zerstören. Der Kapitalismus als Ordnungsprinzip steht grundsätzlich nicht zur Disposition. Der Inhalt des Kapitalbegriffes ist aber neu zu definieren. Es bedarf der Einbeziehung der sozialen Komponente. Gewinn und Eigentum sind wesentliche Elemente des Kapitals. Hier sind Fehlentwicklungen und Übertreibungen eingetreten, die der Korrektur bedürfen.

Die Grundordnung der Europäischen Union (EU), die auf der Eigenverantwortung der Staaten aufbaut, darf grundsätzlich nicht infrage stehen. Die EU bedarf aber der Fortentwicklung hin zu mehr Zuständigkeit und mehr Handlungsfähigkeit. Die Einstimmigkeit der Beschlussfassung ist ein fundamentales

Hindernis. Sie geht einen Schritt zu weit. Politik ist die Kunst des Möglichen. Sie schließt den Kompromiss ein. Ein Mehrheitsverhalten, eine qualifizierte Mehrheit, ist die bessere Lösung.

IV. Die geopolitischen Systeme der Welt

Der Weltmarkt der Gegenwart ist von der Globalisierung geprägt. Die aufgebauten Lieferketten umspannen die ganze Welt. Der Austausch von Waren, Dienstleistungen, Finanzmitteln und menschlicher Arbeitskraft überschreitet die Staatsgrenzen in erheblichem Umfang. Import und Export sind wesentliche Bestandteile der Wirtschaftsleistung.

Größter Exporteur der Welt ist zurzeit die USA. An zweiter Stelle folgt China. Deutschland folgt mit Abstand an hervorragender Stelle. 47 % des Bruttoinlandsprodukts (BIP) fließen in Deutschland in den Export.

Die Finanzwirtschaft ist in den gesamten Leistungsaustausch eingebunden. Der Kapitalismus ist zur beherrschenden Wirtschaftsordnung aufgestiegen. Kapitalismus wird als eine Wirtschaftsordnung verstanden, deren Grundlage die liberale Wirtschaftsgesinnung und die Anerkennung des Privateigentums ist. Die Geisteshaltung des wirtschaftenden Menschen kommt im Gewinnstreben zur Vermehrung des eigenen Vermögens zum Ausdruck.

~ 4 ~ Westliche Welt – Östliche Welt – Dritte Welt

Wir haben bei ausgeprägter Globalisierung keinen einheitlichen Weltmarkt.

Geopolitisch ist die Welt in drei Blöcke eingeteilt.

Die westliche Welt umfasst neben den USA und Kanada insbesondere Europa. Europa ist in wesentlichen Teilen in der Europäischen Union zusammengefasst. Australien, Neuseeland, Japan und Länder des Nahen Osten tendieren zur westlichen Welt. Im östlichen Teil sind neben China die ASEAN-Staaten und Russland vertreten. Zu den ASEAN-Staaten zählen Indonesien, Thailand, Malaysia, Philippinen, Singapur, Brunei, Papua-Neuguinea, Vietnam, Myanmar, Laos und Kambodscha. Zur Dritten Welt gehören Afrika, Indien, Japan, Südamerika, Australien und Neuseeland sowie der Nahe Osten.

Die beiden ersten Blöcke, speziell die beiden führenden Länder USA und China, bemühen sich intensiv um Einflussnahme auf die Länder und Regionen der Dritten Welt. Stellvertreterkriege, Entwicklungshilfe und Handelsabkommen sind wichtige Ansätze. Der Aufbau von Lieferketten und Infrastrukturen kommt neuerdings hinzu.

~ 5 ~ NEOLIBERALER Kapitalismus – Staatskapitalismus – Nachhaltiger, Sozialer Kapitalismus als neue Variante

Auf dem Weltmarkt stehen sich zur Zeit der Neoliberale Kapitalismus US-amerikanischer Prägung und der Staatskapitalismus chinesischer Gestaltung gegenüber. Der neoliberale Kapitalismus ist auf die Führerschaft der Finanzwirtschaft ausgerichtet. Die Finanzwirtschaft hat in der westlichen Welt ihre Machtposition zunehmend auf- und ausgebaut. Dazu zählt der Ausbau des Aufgabenbereichs von der Dienstleistungsfunktion der Banken und Sparkassen hin zum Eigengeschäft, dem Investmentsektor. Dementsprechend wurden die Rechnungslegungsvorschriften in den USA von den Regelungen der Realwirtschaft auf den Sektor der Finanzwirtschaft neu ausgerichtet. In den USA traten die „International Accounting Standards" (IAS) zu Beginn des neuen Jahrtausends in Kraft. Sie wurden in London auf europäische Gegebenheiten umgestellt und als „International Financial Reporting Standards" (IFRS) weiterentwickelt. Sie wurden von der Europäischen Union übernommen und traten am 1. Januar 2005 auch in Deutschland für „kapitalnahe Gesellschaften", also Unternehmen, die an der internationalen Börse gelistet sind, in Kraft. Das „Shareholder Value-Prinzip" und das „Fair Value-Prinzip" haben die vorherrschende Machtposition der Finanzwirtschaft in der westlichen Welt nachhaltig abgesichert, sogar überdehnt. Aus deutscher und europäischer Sicht sind Veränderungen eingetreten, die systemverändernde Auswirkung haben. Der Neoliberale Kapitalismus US-amerikanischer Prägung und insbesondere die neuen Rechnungslegungsvorschriften sind mit dem deutschen Grundgesetz nur bedingt vereinbar. (§ 20 Grundgesetz: „Die Bundesrepublik Deutschland ist ein demokratischer und sozialer Bundesstaat".) Die „soziale Komponente" ist im neoliberalen Kapitalismus US-amerikanischer Prägung eindeutig unterrepräsentiert. Hierüber wird noch zu sprechen sein.

Der Staatskapitalismus ist zwar im wirtschaftlichen Sektor ebenfalls auf das Erwerbsprinzip, die Gewinnerzielung, ausgerichtet, hält aber im politischen Sektor alle Macht in der Hand des Staates. Das geht auf Konfuzius (551 – 479 v. Chr.) zurück, der das denkende Bemühen des Menschen in der Tradition verfangen und die Familie als Untertan des Königshauses sieht, dessen Rolle der Staat übernommen hat. Mit Demokratie hat man wenig am Hut. Die Menschenrechte treten in den Hintergrund und werden verdrängt.

Es ist an der Zeit, sich mit dem Begriff „Kapital" zu befassen. Kapital ist die Summe aller nutzbaren Produktionsmittel. Im Unternehmensrecht stehen sich in der Rechnungslegung Kapital und Vermögen als Synonyme gegenüber. In der Bilanz werden die Mittelverwendung (Aktiva) und die Mittelherkunft (Passiva) gegenübergestellt. Diese Gegenüberstellung leitet sich aus dem System der „Doppik", der doppelten Buchführung, her. Die Aktivseite zeigt das Vermögen an, die Passivseite stellt die Finanzierung des Vermögens dar. Unternehmerische Betätigung erfordert Kapital. Kapitalismus ist die entsprechende Wirtschafts- und Gesellschaftsordnung; Kapital und Finanzwesen nehmen eine systemrelevante Position ein.

Ein Staat kann nur „sozial" sein, wenn die Unternehmen der Wirtschaft sozial ausgerichtet sind. In einer „Sozialen Marktwirtschaft" ist die einzelne Unternehmung eine langfristige soziale Veranstaltung. Eine Staatsreform, die zukunftsfähig sein soll, muss an diesem Punkt ansetzen. Unsere Unternehmen müssen stärker sozial ausgerichtet werden. So kann eine eigenständige Variante des neoliberalen Kapitalismus US-amerikanischer Prägung für den westlichen Teil der Erde unter Einbeziehung eines zumindest wesentlichen Teils der EU-Länder geschaffen werden. So würde den beiden beherrschenden Grundsystemen eine teilweise eigenständige Variante zur Seite stehen.

~ 6 ~ Repräsentative – föderale – Demokratie

In der westlichen Welt ist der politische Sektor grundsätzlich demokratisch aufgestellt. Demokratie bedeutet: „Alle Staatsgewalt geht vom Volke aus." (Grd.-Ges. Art. 20 -2-) Die übliche organisatorische Gestaltungsform ist die „repräsentative Demokratie". In dieser Gestaltung überträgt der Bürger über das Wahlrecht seine Befugnisse auf den von ihm gewählten Abgeordneten und damit indirekt auf die Partei. Dabei ist von Bedeutung, dass ein Mehrparteiensystem besteht. Die Parteien entwickeln ein Eigenleben, stellen Parteilisten auf und unterstellen ihre Abgeordneten dem Fraktionszwang. Die Hälfte der Abgeordneten des Bundestages wird über eine Zweitstimme gewählt, die sich weitgehend der Mitbestimmung des einzelnen Bürgers entzieht. Die direkte Demokratie wird zunehmend zur indirekten Variante umgestaltet. Die reale Staatsform verliert ihre demokratischen Elemente mehr und mehr.

Ein weiterer wichtiger Baustein ist der Föderalismus, die Wahrnehmung der politischen Funktionen durch den Staat, die Länder und Kommunen. Diese Vielfalt tut grundsätzlich gut, wenn sie zu mehr Qualität führt. Sie kann aber auch zu Schwerfälligkeit und zur gegenseitigen Blockierung führen, wie wir in letzter Zeit feststellen müssen.

Im Staatskapitalismus ist hingegen die politische Ordnung auf einer Partei aufgebaut. Der Wähler hat nur die Möglichkeit, die Macht des Staates zu bestätigen. Von Demokratie kann keine Rede sein. Föderalismus spielt keine Rolle. Die Menschenrechte sind nicht systemrelevant. Das Finanzwesen ist ebenfalls fest in der Hand des Staates.

V. Wiederkehrende äußere Störfaktoren

Die Geschichte zeigt, dass das Weltgeschehen von Beginn an von äußeren Störfaktoren begleitet wird. Hier handelt es sich unter anderem um die Nachhaltigkeit. Sie umfasst:

~ 7 ~ Klimaschutz – Umweltprobleme – Epidemien

Naturkatastrophen treten z. B. in Form von Erdbeben auf, wenn sich die Erdkruste bewegt, sich die einzelnen Erdplatten verschieben und durch Verhakungen Spannungen entstehen. Wenn das Gestein durch die Spannungen zerbricht, entstehen die Beben. Diese Erdbeben sind in letzter Zeit häufig aufgetreten und haben große Schäden verursacht und viele Menschenleben gekostet. Sie werden immer wieder auftreten. Hier sind Früherkennung und Vorsorge nötig.

Die fortschreitende Erderwärmung ist den Naturkatastrophen zuzuordnen. Der Thermofrost nimmt ständig ab. Unwetterkatastrophen häufen sich. Das Schmelzen der Gletscher hat inzwischen einen bedrohenden Charakter.

Auf dem Gebiet des Klimaschutzes ist in letzter Zeit zwar vieles in Bewegung gekommen, die neu formulierten Ziele reichen bei weitem nicht. Von einer Erderwärmung von nur 1,5 % sind wir noch weit entfernt. Es bedarf konkreter Maßnahmen in vielfältiger Art. Insbesondere Sparmaßnahmen werden vermisst. Sie sind dringend erforderlich.

Die Umweltprobleme nehmen überhand. Der CO_2-Ausstoss, der Atom-Müll, die Massenproduktion von Kunststoff-Artikeln und insbesondere von Verpackungen, der Einsatz von Dieselöl in Fahrzeugen und von Schweröl bei Kreuzfahrtschiffen sind nur einige Beispiele. Abbauprogramme für den CO_2-Ausstoss, die bis 2050/2060 reichen, kommen einer Verdrängung des Problems gleich. Das neue Klimaschutzabkommen setzt zwar kurzfristigere Ziele, reicht aber nicht. Kurzfristigere Lösungen sind dringend erforderlich. Hier helfen nur noch konkrete Sachprogramme, schnelle Verbote und Sparprogramme.

Wir brauchen einen konkreten Maßnahmen-Katalog für die nächste Wahlperiode.

Die erneuerbaren Energien müssen stärker und schneller entwickelt und umgesetzt werden. Neue Energien (z. B. Wasserstoff) bedürfen der intensiven Förderung. Neben der technischen und wirtschaftlichen Lebensdauer der Produktionsmittel könnte hier eine kürzere technologisch nachhaltige Lebensdauer Abhilfe leisten. Nachhaltigkeit hat in einem zukunftsorientierten Konzept die Prioritätsstufe 1. Die Dringlichkeit ist erkannt. Es bedarf der schnelleren Umsetzung.

Viruserkrankungen begleiten das Weltgeschehen seit Menschengedenken. Sie werden immer wieder auftreten. Epidemien haben eine weltweite Verbreitung. Zu nennen sind hier aus der Vergangenheit vor allem Pest und Cholera.

Zurzeit leidet die Welt unter der Corona-Krise. Das COVID-19-Virus ist in kurzer Zeit in nahezu allen Ländern der Erde aufgetreten, hat sich von einer Epidemie zur Pandemie ausgebildet und befindet sich in vielen Ländern und Regionen noch in der weiteren Verbreitung. Neue Mutanten treten auf. Neuerdings verbreitet sich die indische Variante „Delta" (B.1.617.2)). Sie ist in Großbritannien bereits stark verbreitet und in Deutschland angekommen, mittlerweile auch in der Heimatregion, in Hessen.

Gesundheit ist der Menschen höchstes Gut. Hier ist jeder Mensch gefordert. Vorsorge, Rücksichtnahme und Zurückhaltung sind auf allen Ebenen nötig. Bleibt nur zu hoffen, dass sich die Bürger in Deutschland, in Europa und darüber hinaus in der ganzen Welt weiterhin einsichtig und zurückhaltend verhalten und nicht zu sehr auf Lockerungen jeder Art drängen.

Auf diesem Gebiet stehen wie oben aufgezeigt noch erhebliche Aufgaben an. Die Corona-Krise hat sich als Pandemie über Mutationen zur „permanenten Krise" entwickelt.

VI. Systemimmanente Störfaktoren

Das Geschehen in der Welt bezieht sich auf die Bereiche Politik, Wirtschaft sowie Bildung und Kultur. Der Staat ist die Basiseinheit der Politik. Im Föderalismus kommen die Bundesländer und die Kommunen hinzu. Ein Staat, früher auch als „Nation" bezeichnet, basierte auf den Grundelementen Land, Volk und Sprache. Die Geschichte lehrt uns, dass Völkerwanderungen aus den verschiedensten Gründen stattgefunden haben. Klimatische Verhältnisse, Kriege und Hungersnot waren häufige Ursachen. Wir leben inzwischen in multikulturellen Strukturen mit immensen Integrationsproblemen. Diese multikulturellen Strukturen sind mit erheblichen inneren Störfaktoren verbunden.

~ 8 ~ Rassismus – Terrorismus – Kriminalität

Ein Netz von Rassismus – Terrorismus – Kriminalität verbreitet sich in vielen Ländern der Erde. Rassismus und Terrorismus stehen mit dem zunehmenden Multikulturismus in Zusammenhang, entwickeln sich zu einer ständigen Gefahr und nehmen systemimmanenten Charakter ein. Ein gewisses Maß an Kriminalität kommt seit jeher hinzu. Wer sich in diesem Umfeld bewegt, macht sich strafbar und muss bestraft werden.

~ 9 ~ Sachpolitik – Machtpolitik – Wahlpolitik

Die bisherigen Ausführungen lassen erkennen, wie komplex die politische Aufgabenstellung, um den Ordnungsrahmen für das gesellschaftliche Leben zu gestalten und umzusetzen, ist. Die Sachprobleme sind umfassend, komplex und vielfältig. In einem föderalen Staat besteht eine permanente Wahlzeit. Irgendwo finden immer Wahlen statt, die ihre Schatten voraus werfen. Die Parteien und die Abgeordneten sind verständlicherweise um die Erhaltung ihrer Positionen bemüht. Macht- und Wahlpolitik verdrängen allzu oft die sachpolitische Aufgabenstellung und Verantwortung. Lobbyismus, wahltaktisches Verhalten und Korruption sind ständige bzw. wiederkehrende Begleiterscheinungen.

VII. Das Rechtswesen

~ 10 ~ Völkerrecht – Staatsrecht – Menschenrechte

Das Völkerrecht geht vor das Staatsrecht. Das Staatsrecht garantiert die Menschenrechte. „Die allgemeinen Regeln des Völkerrechts sind Bestandteil des Bundesrechtes. Sie gehen den Gesetzen vor und erzeugen Rechte und Pflichten unmittelbar für die Bewohner des Bundesgebietes." (Art.: 25 Grundgesetz).

„Handlungen, die geeignet sind und in der Absicht vorgenommen werden, das friedliche Zusammenleben der Völker zu stören, insbesondere die Führung eines Angriffskrieges vorzubereiten, sind verfassungswidrig. Sie sind unter Strafe zu stellen". (Art.:26 Grundgesetz)

Im Gegensatz hierzu ist in der neuen russischen Verfassung das Völkerrecht dem Staatsrecht unterstellt. Mit dieser Rechtsposition steht Russland an der Seite von China. Beide Staaten sehen die Menschenrechte als innere Angelegenheit und lehnen die Einmischung dritter Staaten kategorisch ab. Sanktionen, die sich gegenseitig überbieten, führen hier nicht weiter. Sie tragen die Gefahr einer Eskalation in sich. Dabei sollten wir nicht übersehen, dass auch im westlichen Teil der Welt die Menschenrechte ständig verletzt werden und jedenfalls nicht streng eingehalten werden.

Das Völkerrecht bietet ein weites Feld der Betätigung. Es handelt sich um Aufgabenfelder mit weltweiter Bedeutung und mit „apokalyptischen" Folgen. Die weltweiten Organisationen sind vorhanden. Zu nennen sind die:

» United Nation Organisation (UNO); 193 Mitgliedsstaaten; Aufgaben: weltweiter Frieden, Sicherheit und Abrüstungen, Menschenrechte, Beziehungen zwischen den Staaten;

» World Trade Organisation (WTO); 164 Mitgliedsstaaten;
» World Health Organisation (WHO);
» Weltklimakonferenz (Tagung alle zwei Jahre).

Die Effizienz dieser Institutionen ist bescheiden. Sie eliminieren sich meistens selbst durch die festgelegte Beschlusslage der Einstimmigkeit!

Hier besteht enormer Handlungsbedarf. Wir müssen endlich anfangen, die Dinge vom Kopf her anzupacken und zu lösen.

Wer eine Führungsrolle unter den Völkern der Welt beansprucht, muss sich dieser Fragen annehmen. Wie schlecht geführt und organisiert ist eigentlich unsere Welt?

Wer einen Angriffskrieg auf der Welt auslöst, sollte von der Weltorganisation ausgeschlossen und mit Strafen belegt werden, und zwar per Mehrheitsbeschluss. Auch die sogenannten „Stellvertreterkriege" sind entsprechend zu behandeln. Oder gilt die deutsche Verfassung nur für Deutschland und ist in das Völkerrecht nicht integriert?

So viel vorab: Wir können und sollten uns Kriege in unserer Welt nicht mehr leisten. Kein Mensch hat das Recht, einen anderen Menschen zu töten. Die weltweite Aufrüstung bis hin zu Atomwaffen macht keinen Sinn mehr.

Die politische Aufgabenstellung ist gegliedert in Legislative, Exekutive und Judikative. Die Gesetzgebung ist grundsätzlich in der Zuständigkeit des Staates. Die Umsetzung („vollziehende Gewalt") ist in Deutschland grundsätzlich den Bundesländern übertragen. Die Rechtsprechung ist unabhängig und eigenständig.

Der juristische Bereich ist eingeteilt in:

~ 11 ~ Öffentliches Recht – Bürgerliches Recht – Handelsrecht

Das Öffentliche Recht umfasst das Rechtsverhältnis zwischen den Trägern der öffentlichen Gewalt und den Privatrechtssubjekten. Es ist ein weitgespanntes Feld. Es gliedert sich in Völkerrecht, Europarecht und Nationales Recht. Es umfasst das Staats- und Verfassungsrecht, das Verwaltungsrecht, das Straf- und Prozessrecht sowie das Sozial- und Steuerrecht. Das Bürgerliche Gesetzbuch regelt das rechtliche Verhältnis der Bürger, das auf dem Grundsatz der „Gleichberechtigung" aufbaut. Das Handelsgesetzbuch ordnet das Unternehmensrecht.

Das deutsche Rechtswesen bewegt sich auf hohem Niveau und ist über die Landesgrenzen hinaus anerkannt. Das neueste Urteil des Bundesverfassungsgerichts zum Klimaschutz ist ein Musterbeispiel. Die „Generationengerechtigkeit" ist ein elementares Ziel.

VIII.　Die Phasen der wirtschaftlichen Entwicklung

~ 12 ~ Industrialisierung – Kapitalisierung – Digitalisierung

Im Wirtschaftssektor ist die Unternehmung die Basiseinheit. Wenn der Staat ein sozialer Staat sein will, müssen die Unternehmen sozial gestaltet sein. Die Unternehmen werden als „langfristige soziale Veranstaltung" definiert. Viele soziale Einrichtungen und Instrumente sind vorhanden. Noch vieles ist zu tun. An diesem Punkt setzt dieses Schriftwerk an.

Der Wirtschaftssektor hat sich in den letzten 200 Jahren von der Industrialisierung über die Kapitalisierung zur Digitalisierung fortentwickelt. Diese drei Stufen bauen aufeinander auf. In der gesamten Zeit stand und steht der Mensch im Mittelpunkt des Geschehens. Daran wird auch die Digitalisierung nichts ändern.

Die Industrialisierung ist weit fortgeschritten und wird durch die Globalisierung bestimmt. Der internationale Warenaustausch ist neben dem technischen Fortschritt der entscheidende Wachstumsfaktor. Der Export macht z. B. in Deutschland die Hälfte der wirtschaftlichen Leistung (Bruttoinlandsprodukt; BIP) aus.

Geld und Kapital sind zwar keine Produktivfaktoren im engeren Sinne, sie sind aber für den Produktionsprozess in seiner Komplexität unverzichtbar. Geld und Kapital sind zum systembestimmenden Element aufgestiegen.

Der Finanzsektor hat neben der Dienstleistung ein Eigengeschäft, den „Investmentsektor", auf- und ausgebaut. Er beschäftigt sich mit sich selbst. Er nimmt die Zukunft vorweg. Spekulation wird zum Selbstzweck. Übertreibungen und Fehlentwicklungen sind die Folge. Der Freiheitspielraum und die Handlungsfähigkeit der nachfolgenden Generationen, unserer Nachkommen, werden zunehmend eingeengt. Hier handelt es sich auch um die Einschränkung von Menschenrechten. Mit Produktivität in ursprünglichem Sinn hat dieses Handeln wenig zu tun. Der zunehmende beherrschende Einfluss der Finanzwirtschaft über die Realwirtschaft nimmt besorgniserregende, zukunftsbedrohende Ausmaße an.

Die Digitalisierung, im Wirtschaftssektor als „Datenbestimmte Unternehmensführung" verstanden, ändert nichts Grundsätzliches. Die Computer und die Datenplattformen folgen letztlich den Weisungen, die die Menschen vorgeben. Der Mensch wird bei allen Veränderungen, die sich in der Zukunft einstellen werden, weiterhin im Mittelpunkt des Geschehens stehen.

IX. Bildung und Kultur

~ 13 ~ Familie – Ehe – Kinder

Neben den vielfältigen politischen Aufgabenstellungen und dem beherrschenden Wirtschaftssektor steht der weitgefasste Bereich der Bildung und Kultur.

Die „Familie" ist hier die Basiseinheit. Sie bedarf insgesamt der stärkeren Beachtung, der höheren Wertschätzung. Wir können uns auf Dauer nicht auf Zuwanderungen und Flüchtlingsströme einstellen, um den Bevölkerungsstand zu halten. Wir sind seit Jahren Zuwanderungsland. Der eigene Nachwuchs der Bevölkerung muss im Vordergrund stehen. Der ständigen Integration der zu uns kommenden Flüchtlinge und Zuwanderer kommt in der multikulturellen Welt eine besondere Bedeutung zu. Sie ist ein langzeitlicher Prozess. Die Integration überdauert Generationen. Wir dürfen uns hier nicht übernehmen.

Kindererziehung kommt einer beruflichen Betätigung gleich. Ausbildung und Bildung bedürfen der stetigen Förderung. Die Familie als Basiseinheit hat einen besseren Stellenwert in unserer Gesellschaft verdient. Das muss im Steuerrecht und in der Altersversorgung für Mütter stärker Berücksichtigung finden. Wie wäre es zum Beispiel mit einem Familiensplitting an Stelle des Ehegattensplittings? Eine angemessene Einbindung der Kindererziehungszeit in die gesetzliche Altersversorgung ist eine soziale Notwendigkeit.

X. Zur aktuellen Weltlage im 1. Halbjahr 2021

1 *Die Welt ist in der „Krise"*

Der Kalte Krieg zwischen Russland und den USA ist durch die Konfrontation zwischen den USA und China abgelöst worden. Wir sind vom Regen in die Traufe geraten.

Die Vereinten Nationen (UN), die World Trade Organisation (WTO), die World Health Organisation (WHO) und auch der Klima-Ausschuss erweisen sich aufgrund ihrer inneren Organisation als weitgehend handlungsunfähig. Nennenswerte Maßnahmen sind nicht erkennbar.

Das unsinnige Wettrüsten der Großmächte geht unverändert weiter. Wir alle wissen, dass wir uns bei dem derzeitigen Stand der Rüstungsindustrie einen Krieg der Großmächte nicht leisten können. Wo bleibt die Vernunft? Eine Beschluss-Regelung, die auf einer qualifizierten Mehrheit aufbaut, ist hier dringend notwendig. Ein solcher Schritt scheint aber auf absehbare Zeit mit den beiden Weltmächten nicht umsetzbar zu sein.

Die Corona-Krise ist eine Gesundheits-Krise mit weltweiter Verbreitung, eine Pandemie. Wir werden sie erst dann in vertretbaren Grenzen halten können, wenn wir alle Länder der Erde mit Impfstoffen ausreichend und dauerhaft versorgt haben. Es gibt viele gute Ansätze, die hoffen lassen, dass die internationale Pharma-Industrie die Aufgaben der 4. und 5. Welle in absehbarer Zeit in den Griff bekommen. Das Problem der Wirkungsdauer der Impfstoffe und die damit verbundene, sich wiederholende Auffrischungsimpfung ist eine offene Frage.

2 Die USA ist zurück

Die USA befindet sich in einer äußerst kritischen Zeitphase. Das ist vom politischen System, der wirtschaftlichen Strategie und der Führung her zu sehen.

Wir haben es in den USA in den letzten Jahren mit zwei grundverschiedenen Zeitabschnitten zu tun. Die erste Zeitspanne betrifft die Regierungszeit des Präsidenten Donald Trump. Sein Regierungsprogramm mit dem Slogan "America first" hat in die Isolation geführt; sein Handeln war auf seine Wiederwahl ausgerichtet. Die Spaltung der Nation in zwei unversöhnliche Gruppen war die Folge. Ein schwaches Management zu Beginn der Corona-Krise kam hinzu. Höchstwerte bei den Infizierungen und hohe Totenzahlen stellten sich ein. Die Wirtschaftsleistung sank stark und die Arbeitslosenzahl stieg immens. Eine pragmatische Reaktion setzte ein. Schnelle Impfungen und umfangreiche Konjunkturprogramme brachten den Umschwung.

Die Wahlen im November vergangenen Jahres haben eine Wende gebracht. Der Kandidat der Demokraten, Joe Biden, hat die Wahlen gewonnen. Donald Trump hat sich als schlechter Verlierer erwiesen und keine Gelegenheit ausgelassen, gegen das Wahlergebnis vorzugehen – letztlich ohne Erfolg. Im Januar fand die Amtsübergabe ohne die Anwesenheit des Vorgängers statt.

Was der neue Präsident in den ersten Tagen und Wochen an Änderungen und Neuerungen auf den Weg gebracht hat, verlangt jeden Respekt. Schon am ersten Tag verkündete er die Rückkehr der USA in das Klimaabkommen von Paris. Sein Bekenntnis zum atlantischen Verteidigungsbündnis folgte unmittelbar. Der Truppenabzug aus Afghanistan und auch aus Deutschland wurde rückgängig gemacht. Der Rückzug aus Afghanistan ist bereits wieder beschlossen worden.

Auf internationaler Ebene ist der Kontakt mit Indien, Japan und Australien hervorzuheben. Gespräche mit dem Iran über das Atomabkommen und Kontakte mit chinesischen Regierungsvertretern sind zu erwähnen.

In den USA ist der Wirtschaftssektor bereits wieder in die Wachstumsphase zurückgekehrt. Ein weiteres überdimensioniertes Konjunktur- und Infrastrukturprogramm kommt hinzu. Es wird das Wachstum der Wirtschaft zusätzlich unterstützen.

In den letzten Tagen (11. bis 16. Juni 2021) befand sich Präsident Joe Biden auf Europareise. Ein anspruchsvolles Programm stand an: G7-Treffen, NATO-Konferenz, Treffen mit der EU-Kommission, Besuch bei der Queen und Treffen mit Putin in Genf. Hervorzuheben sind die Wiederbelebung der westlichen Bündnispolitik und die Annäherung zwischen den USA und Russland, die Rückkehr der Botschafter und die Fortsetzung der Abrüstungsgespräche sowie der Infrastrukturplan für die Drittländer in Höhe von 26 Billionen $ bis 2030, der noch konkretisiert und finanziert werden muss.

China hat rüde und mit Arroganz reagiert. China redet von einem „Systemkonflikt" und sieht sich als Schutzmacht des „Multilateralismus" auf der Siegerseite (siehe FAZ v.17.06.2021). Entscheidend bleibt, dass hinsichtlich des Klimawandels keine einheitliche Position zustande kam.

Was bleibt, ist ein hoffnungsvoller Start. Er darf aber nicht darüber hinwegtäuschen, dass die USA noch vor einem langen Weg stehen. Es wird entscheidend darauf ankommen, ob die derzeitige Blockadebildung im Inneren der USA aufgeweicht werden kann. Der Rassismus und die Integration der zahlreich ankommenden Flüchtlinge sind zentrale Anliegen.

Wenn der neoliberale Kapitalismus der USA zukunftsfähig ausgerichtet sein soll, muss über die Übergewichtung des Finanzsektors gegenüber der Realwirtschaft nachgedacht werden. Das Zusammenwirken der Finanzwirtschaft mit den Technologie-Unternehmen nimmt systemische Ausmaße an und zeigt monopolistische Strukturen an. Sie reichen bis zum Aufbau einer eigenen Währung. Erste Ansätze zur gerechten Einbindung der weltweit agierenden Technologieunternehmen in das internationale Steuerrecht sind von der US-amerikanischen Finanzministerin inzwischen eingeleitet worden. Hoffentlich führen sie zu einem hinreichenden Erfolg. Erste Zweifel treten auf.

Die Überbetonung der finanzwirtschaftlichen Seite gegenüber der Realwirtschaft sollte nicht zwingend auf Europa und Deutschland durchschlagen. Hier ergibt sich ein Ansatz für eine eigenständige Variante für Deutschland und Europa.

3 Die Europäische Union muss handlungsfähiger werden

Die Europäische Union ist zurzeit nicht in der Lage, die Schwächen, die die USA in der westlichen Welt zeigen, auch nur annähernd auszugleichen. Europa ist selbst in großer Unordnung. Es bedarf der Ursachenforschung und der Neuorientierung in vielen Sektoren.

Die Europäische Währungsunion, der 17 Staaten angehören, hat sich in Europa nicht durchgesetzt. Viele Staaten haben noch eine eigene Währung. Innerhalb der Währungsunion ist die einheitliche Währung mit großen strukturellen Problemen behaftet. Aus vielerlei Gründen funktioniert die einheitliche Währung nicht optimal. Die einzelnen Staaten Europas zeigen seit jeher eine unterschiedliche Leistungsstruktur. Das Nord-Süd-Gefälle ist allgegenwärtig und stört permanent. Das gleiche Phänomen zeigt sich von West nach Ost. Es ist jährlich wiederkommend. Es wirkt kumulativ. Die Zahlungen der Geberländer fließen jährlich in gleicher Höhe. Die Benachteiligung der „Nehmerstaaten" wächst jährlich. Feste Ausgleichszahlungen sind auf Dauer keine Lösung.

Die Einschaltung der Europäischen Zentralbank (EZB), der Rückkauf von Staatsanleihen der EURO-Länder in unterschiedlicher Höhe („quantitative easing") ist hilfreich, löst aber das Problem auf Dauer ebenfalls nicht.

Die gemeinsame Vorgehensweise in der Corona-Krise war ein richtiger Schritt. Er hat aber auch die Schwächen der EU schonungslos aufgezeigt. Die Einstimmigkeit der Beschlusslage führt zur Schwerfälligkeit. Ein jährlicher Finanzausgleich zwischen Geber und Nehmerstaaten ist zu starr. Nicht nur in der Corona-Krise, sondern auch in der Finanz-Krise und der Flüchtlings-Krise hat sich gezeigt, dass in der EU die Voraussetzungen fehlen, um größere Aufgaben zu übernehmen. Wir brauchen aber dringend mehr gemeinsames Handeln. Dazu gehören gemeinsame Aufgaben, ein eigener Haushalt und auch gemeinsame Schulden, aber keine Vergemeinschaftung von Schulden. Deutschland und auch andere Geberstaaten sollten bereit sein, einen Teil des externen Handelsüberschusses, der auf den europäischen Anteil entfällt, jährlich für einen gemeinsamen Haushalt zur Verfügung zu stellen. Es bedarf einer Neuordnung der Strukturen.

Die EU steckt noch in der Anfangsphase. Sie ist auf Einzelfunktionen begrenzt. Sie ist noch ein Stilgedanke, der in vielen Punkten gestaltet werden muss.

Die EU unterliegt gravierenden Fehleinschätzungen. Die größte Fehleinschätzung steht in Zusammenhang mit der Finanzkrise. Wenn die Führung der EU der Auffassung ist, dass die Finanzkrise überwunden ist, wenn die Börsenkurse wieder auf dem Niveau vor der Krise angekommen sind, dann irrt sie sehr. Eine Krise lässt sich nicht mit billigem Geld zuschütten. Wir haben die Finanzkrise mit den gleichen Mitteln bekämpft, die die Krise ausgelöst haben. Den Erfolg bzw. Misserfolg sehen wir nach über 10 Jahren. Wir kaufen noch immer Staatsanleihen in zweistelligen Milliarden pro Monat (insgesamt 1,35 Billionen sind vorgesehen). Trotzdem steigen die Staatsschulden der einzelnen Länder weiter an. Die Finanzkrise hat eine Schuldenkrise immensen Ausmaßes ausgelöst.

Apropos, was ist mit dem „Wiederaufbau-Programm", dem „recovery fonds" mit einem Budget von weiteren 750 Mrd. €? Wo geht es um Wiederaufbau? Wir brauchen Strukturprogramme.

Soweit Zuschüsse ohne Zweckbindung gewährt werden, handelt es sich nicht um Wiederaufbau. Nur grundsätzliche Strukturmaßnahmen können hier gemeint sein.

Ausgehend von der Grundaussage, dass in der westlichen Welt auf politischer Ebene der Staat die Basiseinheit ist und zurzeit sowohl die USA als auch die EU nicht in der Lage sind, ihre Führungsrolle hinreichend zu erfüllen, bleibt hier die Initiative eines Einzelstaates. Deutschland ist gefordert, einen Beitrag zu leisten. In den letzten Tagen hat sich einiges bewegt. Das Bundesverfassungsgericht hat den weiteren Weg für den „recovery fonds" freigegeben. Bundestag und Bundesrat haben die Änderung des Infektionsschutz-Gesetzes mit einigen Kompromissen verabschiedet.

Die EU und die USA haben neue Klimaziele für 2030 vorgegeben. Ein virtueller Klimagipfel mit 40 Staaten hat in diesen Tagen auf Initiative von Joe Biden stattgefunden. Hieran haben die USA und auch China teilgenommen. Es bewegt sich einiges. Hoffentlich stellen sich die notwendigen kurzfristigen Erfolge ein. China beteiligt sich bisher nicht an den gemeinsam formulierten Klimazielen.

4   Der Handelsstreit zwischen den USA und China

Der Handelsstreit zwischen den USA und China schwankt hin und her. Ein Ende, eine Lösung, ist nicht abzusehen.

Weder die USA noch China können zulassen, vom anderen abhängig zu sein. Sicherheit und Entscheidungsfreiheit sind absolute Voraussetzungen jeder wirtschaftlichen Betätigung. Globalisierung, wirtschaftliche Zusammenarbeit, gegenseitiger Austausch von Waren und Dienstleistungen nutzen beiden Seiten. Die existentiellen Probleme der Welt können nur gemeinsam bewältigt werden. Zölle, Verbote, Sanktionen und Kündigung von gegenseitigen und internationalen Verträgen führen nicht erfolgreich in die Zukunft.

Im direkten Vergleich beider Staaten scheint China besser aufgestellt zu sein. China hat die erfolgreichere wirtschaftliche Konzeption. China verfügt über wichtige Rohstoffe, z. B. „seltene Erden". Es hat günstige Produktionsstätten in großem Umfang. Es organisiert die vom eigenen Territorium ausgehenden Lieferketten und ist jederzeit zu Handelsabkommen bereit, selbst mit den USA. Die Lieferwege werden weltweit neu aufgebaut (Beispiel: „Neue Seidenstraße"). Entwicklungshilfe wird weltweit systematisch betrieben.

Das wirtschaftliche Konzept vieler US-amerikanischer Technologie-Unternehmen setzt dem chinesischen Vorgehen gegenüber zu spät ein. Die Technologie-Unternehmen der USA kaufen sich in den Markt ein. Die Unternehmen erwerben mit ihrer ganzen Marktmacht die fertigen Produkte. Dabei greifen sie nicht zuletzt auch auf dem deutschen und dem europäischen Markt massiv in den Wettbewerb ein und erobern Marktanteile. Die sich abzeichnende Koalition der Technologie-Branche mit der Finanzwirtschaft setzt diese Strategie fort. Wir sollten entsprechend reagieren, bevor der traditionelle Handel in Deutschland und in Europa noch stärker vom Online-Geschäft bedrängt wird. Die Folgen sind spürbar und offensichtlich. Hier muss die Initiative der US-amerikanischen Finanzministerin zu einem guten Ergebnis für alle führen. Der derzeitige Ansatz führt nicht zum Ziel. Er setzt an der falschen Bemessungsgrundlage an. Hierauf werden wir an späterer Stelle zurückkommen.

Die internationale Zusammenarbeit kann nur auf der Basis von Abkommen und Bündnissen geregelt werden. Hier zeigt der Wandel in den gegenseitigen Beziehungen der beiden Weltmächte erste Erfolge. Die gegenseitigen Lieferungen sind in letzter Zeit um jeweils 70 % gestiegen. Das hängt mit dem Wachstum beider Volkswirtschaften zusammen.

Beide Länder, China und die USA, erwarten für das laufende Jahr (2021) ein Wachstum von 6 %. Das wirkt sich auf die Entwicklung der Weltwirtschaft nicht nur positiv aus. Die Rohstoff-Knappheit ist mit Preissteigerungen verbunden. Die Lieferketten brechen zusammen. Produktionen müssen unterbrochen werden. Wachstum ist kein Ziel an sich. Wir dürfen nicht über unsere Verhältnisse leben.

Die gegenseitigen Beziehungen müssen im Zusammenwirken weiterhin gestaltet und gepflegt werden. Das gilt in besonderem Maß für den Klimaschutz. Beide Länder erzeugen 35 % des CO_2-Ausstosses auf der Welt und erzielen hohe Wachstumsraten. Das allein führt zu einem steigenden Verbrauch an Ressourcen in den nächsten Jahren. Die neuesten Klimaschutz-Ziele schaffen keine ausreichende Abhilfe. Konkrete Strukturmaßnahmen und auch Einsparungen der verschiedensten Art sind schnellstens einzuleiten. Dies gelingt nur gemeinsam unter Gleichgestellten.

Ein entscheidender Schritt in die richtige Richtung stellt der „Quadrilateral Security Dialogue", auch „Asiatische Nato" genannt, dar. Es ist das Bündnis zwischen Amerika, Australien, Indien und Japan. Ein virtueller Gipfel der Regierungschefs hat in diesen Tagen (März 2021) stattgefunden. Deutschland und Europa sind außen vor, sind aber in der westlichen NATO-Organisation integriert, die zum westlichen geopolitischen Sektor gehört. Inzwischen ist auch die EU bemüht, Bündnisse mit Ländern der „Indo-Pazifik-Zone" abzuschließen.

5 Abkommen zwischen den USA und China

China hat (im März 2021) die Bereitschaft zu einem Handelsabkommen mit den USA angeboten, allerdings zu Bedingungen, die für die USA unannehmbar sind. Hier ist in erster Linie die These „Ein China" zu nennen. Das bedeutet, keine Einmischung in innere Angelegenheiten, einschließlich Hongkong und Taiwan.

Ein Treffen von Regierungsvertretern beider Länder hat stattgefunden. Konkrete Ergebnisse sind nicht zustande kommen. Die Befürchtungen wurden bestätigt. Es ist bei der Gegenüberstellung der gegenseitigen Standpunkte geblieben. Der neue Infrastrukturplan, der eine Gegenstrategie zur neuen „Seidenstraße" Chinas darstellt, hat zur Verhärtung der gegenseitigen Positionen geführt. Entscheidend wird sein, dass die USA und China zu einem gemeinsamen Vorgehen in der Klimapolitik finden.

Ein Gipfeltreffen (G 3) der Regierungschefs von China, Russland und den USA wird es in absehbarer Zeit nicht geben, eine

Weltregierung schon gar nicht. Ein gemeinsames Abkommen wird leider ein Wunschtraum bleiben. Der Oktopus hat keinen neunten Arm und wird ihn auch nicht bekommen. (siehe hierzu: Dirk Rossmann. Der neunte Arm des Oktopus, Verlag Lübbe, S. 67 ff u.83 ff)

XI. Zusammenfassung

Der Staat ist in der westlichen Welt und damit auch in Deutschland durch den Kapitalismus geprägt. In Deutschland ist zudem die „soziale" Komponente seit der Gründung des „Deutschen Reiches" von besonderer Bedeutung, er ist ein inhärenter Bestandteil des Systems und ist im Grundgesetz verankert. Leider ist festzustellen, dass die „soziale Komponente" auf der Basis der freiheitlichen Umsetzung in den letzten Jahren zu kurz gekommen ist. Der Gegensatz von Arm und Reich wächst ständig an.

Die Nachhaltigkeit in ihren vielfältigen Erscheinungsformen hat in letzter Zeit existenzbedrohenden Charakter erlangt und ist dadurch in den Vordergrund getreten. Ein verstärktes Bemühen um diesen Sektor ist erkennbar. Er darf bei einem zukunftsorientierten Systemkonzept nicht fehlen.

Wenn der Staat dieser Aufgabe gerecht werden will, müssen die Rahmenbedingungen entsprechend gestaltet werden. Umfangreiche Investitionen zur Entwicklung umweltfreundlicher Energien bedürfen der Beschleunigung, das bedeutet finanzielle Unterstützung von der Seite des Staates und auch der EU. Im Wirtschaftssektor muss die Basiseinheit, die Unternehmung, „nachhaltig" und „sozial", zukunftsfähig und menschenfreundlich ausgerichtet sein. Die Unternehmung wird entsprechend als eine „langfristige, auf Gewinnerzielung ausgerichtete, soziale Veranstaltung" definiert. Die Langfristigkeit ist zu beachten. Die Nachhaltigkeit ist zu ergänzen. Die soziale Komponente ist gesetzlich zu regeln. Diese Aufgabenstellung wird uns noch beschäftigen.

Die „Familie" als Basiseinheit für den Sektor Bildung und Kultur ist der menschenfreundliche Sektor schlechthin. Sie verkörpert den Bereich der „Sittlichkeit". Sie untersteht daher dem besonderen Schutz des Staates – was immer das bedeutet (Grd.-Ges., Art. 6). Eins steht fest: Die Familie bedarf einer höheren Wertschätzung in unserer Gemeinschaft.

Die Durchsetzung der Geisteshaltung der Aufklärung hat sich über den gesamten Zeitraum hingezögert und ist bis heute in der westlichen Welt noch nicht hinreichend umgesetzt. In weiten Teilen der übrigen Welt fehlt noch heute die Umsetzung dieses Gedankengutes in der politischen Grundordnung der Länder.

In letzter Zeit zeigen sich Tendenzen zu absoluten institutionellen und personalen Strukturen. Wir entwickeln uns hin zu einer modernen Form absoluter Herrschaft. Wir befinden uns in einer Zeitphase des „modernen Absolutismus".

Politik und Wirtschaft neigen dazu, im bestehenden System zu verharren. Viele weitere Institutionen und Organisationen fühlen sich dem System verpflichtet. Das ist auch vor dem Hintergrund zu sehen, dass das Weltgeschehen sich auf der Basis der

~ 14 ~ Unvollkommenheit – der Unsicherheit – und der Unwissenheit vollzieht

Wir können dem Bundespräsidenten Walter Steinmeier zustimmen. Wir dürfen nicht alles zerreden. Wir brauchen Mut, um die Zukunft zu gestalten. Wir müssen Vertrauen aufbauen. Das geht nur über sachbezogene Lösungen. Nur so finden wir zur Normalität zurück.

Die nötigen systemischen Veränderungen sind möglichst zeitnah zu vollziehen. Das ist nötig, wenn man den Crash des Systems, den Zusammenbruch, verhindern will. Es bedarf eines zukunftsfähigen sachbezogenen Konzeptes, das die Bürger mitnimmt. Deshalb wird hier der Versuch unternommen, eine dritte Variante einer Grundordnung für den Wirtschaftssektor als Diskussionskonzept zu entwickeln. Der passende Begriff lautet:

~ 15 ~ „Nachhaltiger – Sozialer – Kapitalismus"

F DIE RAHMENBEDINGUNGEN MENSCHLICHEN HANDELNS IN DEUTSCHLAND

I.   Frieden in Deutschland

Die Grundvoraussetzung für die positive Entwicklung Deutschlands in der Nachkriegszeit ist der Tatbestand, dass wir 75 Jahre in Frieden leben konnten. Hieran haben die alliierten Siegermächte, wie oben angezeigt, erheblichen Anteil. Aufgrund der Feindschaft mit Frankreich bedurfte es zweier vernichtender Niederlagen, bis wir zur Vernunft kamen. Deutschland selbst hat sich erst dann, dem Grundgesetz entsprechend, von jedem Angriffskrieg ferngehalten, aber in der Verteidigung in den Bündnissen der westlichen Welt mitgewirkt.

Das sollte auf lange Sicht so bleiben. Angriffskriege sollten grundsätzlich untersagt sein und unter Strafe stehen, nicht nur in Deutschland. Das sollte nicht nur im Grundgesetz stehen, sondern zum Grundsatz des Völkerrechts erklärt werden.

II.   Kapitalismus

Die im 19. Jahrhundert einsetzende Industrialisierung war über die damit verbundene Arbeitsteilung mit dem Einsatz des Geldes als Tauschmittel verknüpft. Der Warentausch wurde durch den An- und Verkauf mittels des Geldes ersetzt. Das hatte die Kapitalisierung des Wirtschaftsprozesses zur Folge.

Aufbauend auf dem Rationalprinzip, das im Wirtschaftlichkeitsprinzip zum Ausdruck kommt, ist das Streben nach Mehrwert und nach Gewinn inzwischen allgemein anerkannt. Es ist das Ziel allen Wirtschaftens. Es ist ein systemrelevanter

Tatbestand des Wirtschaftens auf der Welt geworden. Der Kapitalismus steht grundsätzlich weltweit nicht zur Disposition.

Das schließt aber nicht aus, die Begriffe „Gewinn", „Eigentum" und „Kapital" zur Diskussion zu stellen. Ein Kredit, der durch die Eintragung einer Grundschuld Vorrechte sichert, steht dem Begriff Eigenkapital genau so nahe wie ein Aktienanteil, der überwiegend mit Kredit finanziert ist. Hier ist ein entscheidender Ansatz für die weiteren Überlegungen gegeben.

III.   Die „soziale Komponente"

Die soziale Frage hatte in Deutschland sehr früh, schon während der Zeit des Absolutismus und der Diktatur des „Dritten Reiches", einen gewissen Stellenwert. Es muss aber insgesamt festgestellt werden, dass die sozialen Fragen in der ganzen Welt bisher zu kurz gekommen sind; auch in Deutschland, obwohl dies im Grundgesetz garantiert ist (Art. 20, (1)): „Die Bundesrepublik Deutschland ist ein demokratischer und sozialer Bundesstaat." Hier ist besonders anzusetzen. Auf der Basis der Freiwilligkeit ist die Umsetzung dieses Anliegens nicht hinreichend zum Tragen gekommen. Hier besteht noch erheblicher Handlungsbedarf. Darin ist ein wesentlicher Schwerpunkt der weiteren Ausführungen zu sehen. Eine gesetzliche Gestaltung ist nötig.

IV.   Repräsentative Demokratie

„Alle Staatsgewalt geht vom Volke aus". (Art. 20, (2), S.1). Sie ist als „repräsentative Demokratie" geregelt. Das Volk wählt einen Vertreter, der die Aufgabe wahrnimmt. Dabei kann der repräsentative Ansatz nur gewahrt bleiben, wenn der Wähler diesen Vertreter selbst auswählen kann. Das deutsche Wahlrecht sieht aber ein abweichendes Verfahren vor. Durch die Zweitstimme, die Vorrang hat, kommt die Partei ins Spiel. Die Liste der Kandidaten wird von den Parteimitgliedern und nicht vom Volke aufgestellt. Die Partei verpflichtet die eigenen Abgeordneten zum Fraktionszwang. Der so gewählte Abgeordnete fühlt sich in erster Linie der Partei verpflichtet und nicht dem Volkswillen. Er denkt primär an sich und seine Wiederwahl. Die Politik verkommt so zur Macht- und Wahlpolitik. Die direkte Demokratie wird zunehmend zur indirekten Demokratie. Der Bürger fühlt sich nicht mehr mitgenommen. Es fehlt an „Identität". Der Bogen ist überspannt. Die Parteien bestimmen über den politischen Willen. Im Grundgesetz steht: „Die Parteien wirken bei der politischen Willensbildung des Volkes mit." (Art. 28, S.1) Es stellt sich die Frage, ob der zweite Weg über die Parteiliste notwendig ist. Die Hälfte an Abgeordneten wäre sicherlich auch genug.

V. Gewaltenteilung

Die Führung des Staates unterliegt der Gewaltenteilung.

~ 16 ~ Gesetzgebung – deren Umsetzung und – Rechtsprechung, (Legislative – Executive – Judikative)

Diese Funktionen sind getrennt organisiert und institutionalisiert. Die Gesetzgebung ist in der Verantwortung der Bundesregierung. Sie ist auf die Gestaltung des Ordnungsrahmens konzentriert. Die ausführende Gewalt ist den Bundesländern übertragen. Die Rechtsprechung ist eigenständig und unabhängig organisiert. Deutschland ist ein Rechtsstaat. Das deutsche Rechtssystem ist international anerkannt und hat sich bewährt.

VI. Föderalisierung

Die Aufteilung der Regierungsaufgaben auf den Staat, die Länder und Kommunen hat sich bisher als Vorteil erwiesen. Die damit verbundene Vielfalt hat sich positiv ausgewirkt. Trotzdem gibt die Vorgehensweise in der Corona-Krise Anlass zur kritischen Stellungnahme. Die Erklärung zur „Chefsache" ist richtig. Die gemeinsame Vorgehensweise mit der EU ist ein richtiger Schritt. Das gilt auch, wenn man in Betracht zieht, dass die Mitwirkung der EU-Kommission mit erheblichen Schwächen in der Effizienz verbunden ist. Auch die Abstimmung mit den Bundesländern hat sich als langsam und schwerfällig erwiesen. Die deutsche Gründlichkeit und die damit verbundene Bürokratie haben sich als Hinderungsgründe ausgewirkt. Die Einschaltung der Bundesregierung in die Umsetzung der Corona-Maßnahmen und insbesondere in die Bereitstellung der zugesagten „finanziellen Mittel" war eine Katastrophe. Hier fehlten die nötigen personalen Kapazitäten und damit auch die Kompetenz. Es geht auch nicht, dass Bundesländer sich verweigern, diese Aufgabe zu übernehmen und zu organisieren. Hier kann vieles besser gemacht werden.

VII. Der Leistungsstandard der arbeitenden Menschen

Der gegebene hohe Leistungsstand der arbeitenden Menschen in Deutschland ist ein seit langer Zeit bekannter Tatbestand. Er hat vielerlei Ursachen. Er war insbesondere im europäischen Wettbewerb schon immer ein Problem und ist es immer noch. Das ist auch in der aktuellen Krise so. Früher mussten Währungsanpassungen für einen Ausgleich sorgen. In neuester Zeit bedarf es des finanziellen Ausgleichs der verschiedensten Art innerhalb der Europäischen Währungsunion. Das kann so nicht bleiben. Neue Wege sind hier zu beschreiten. Einige Veränderungen sind oben aufgezeigt. Wir müssen nicht bei der Vergemeinschaftung der Schulden ansetzen; besser ist es, die Überschüsse aus dem internationalen Waren- und Dienstleistungsaustausch innerhalb der EU als Etat der EU zur Verfügung zu stellen. Das sollte an die Bedingung geknüpft sein, dass die beteiligten Staaten bereit sind, Teilbereiche ihrer Souveränität einer einheitlichen, abgestimmten Vorgehensweise zu unterstellen. Die Umsetzung der gemeinsamen Vorgehensschritte könnte in der Zuständigkeit der einzelnen Staaten verbleiben. Als Teilbereiche sollten der Klimaschutz, der Gesundheitsbereich und Umweltprobleme in Erwägung gezogen werden. Der gemeinsame Schutz der Außengrenzen könnte hinzukommen.

VIII. Die Innovationskraft der Unternehmen

Wachstum ist kein Ziel an sich. Das gilt besonders, wenn es sich aus der Inflationsrate ergibt und/oder auf Konjunkturprogrammen aufbaut, die Zukunftsbedarf vorwegnehmen. Die langfristige Ausrichtung der unternehmerischen Tätigkeit erfordert es, ein besonderes Augenmerk auf die Forschung und Entwicklung und die Ausbildung der Mitarbeiter zu richten. So stehen Fortschritt, Innovation und Gewinnerzielung langfristig in Zusammenhang und bilden die Basis für das Produktivitätsniveau und den erreichten Qualitätsstandard. Deutschland hat auf diesem Gebiet erfolgreich gewirkt und mit besonderer Unterstützung des Mittelstandes ein hohes Niveau erreicht. Der Begriff „Made in Germany" ist zu einem Wertbegriff mutiert. Deutschland nimmt auf vielen Arbeitsgebieten eine hervorragende Position ein. Inflation und kapitalisierte Zukunftsgewinne stellen kein Wachstum in realem Sinne dar.

IX. Der Vorrang der Realwirtschaft

Die individuelle Leistungskraft des arbeitenden Bürgers und die spezielle Innovationskraft der deutschen Unternehmen bedingen die vorrangige Ausrichtung der deutschen Wirtschaft auf den Sektor der Realwirtschaft und nicht auf den Finanzsektor. Dieser Ausrichtung sind wir bisher verpflichtet geblieben.

Hier ist allerdings in den letzten 20 Jahren ein Wandel eingetreten, der den deutschen Gegebenheiten nicht entgegenkam.

Gemeint ist die eingetretene Vorherrschaft des Finanzsektors gegenüber der Realwirtschaft in der westlichen Welt. Sie wurde eingeleitet durch die Ausweitung des Aufgabengebietes der Banken und Sparkassen von der Dienstleistung zur Eigenleistung, durch den Investmentsektor. Sie wurde manifestiert durch neue Rechnungslegungsvorschriften, die 2001 in den USA eingeführt wurden (International Accounting Standards – IAS). Diese wurden in London auf europäische Verhältnisse übertragen und zum 01.Januar 2005 von der EU als International Financial Reporting Standards (IFRS) übernommen. Das hat zu Veränderungen geführt, die aus der Sicht der in Deutschland geltenden Wirtschaftsordnung, die die Realwirtschaft gegenüber der Finanzwirtschaft in den Vordergrund stellt, als Fehlentwicklungen einzustufen sind. Die Kapitalisierung von zukünftigen Gewinnerwartungen, die den 20-fachen Jahresgewinn erreichen, nehmen die Zukunft vorweg. Sie haben mit der Rechnungslegung zum jeweiligen Jahresende nichts zu tun. Die Gewinne der Zukunft müssen erst noch in der Realwirtschaft realisiert werden.

Diese Entwicklung setzt sich in neuerer Zeit weiter fort. Die sogenannten „Technologie-Unternehmen", die „Schattenbanken" und „spaks" (leere Firmenmäntel) betätigen sich in diesem Umfeld. Eins steht fest und darf nicht zur Diskussion stehen: Börsenwert und Rechnungslegung zum Jahresende sind zwei verschiedene Dinge. Hier entstehen neue Machtstrukturen, die mit Freiheit, Vernunft und Wettbewerb wenig gemeinsam haben. Die Zukunft in diesem Umfang vorwegnehmen, führt auf Dauer zur Blasenbildung und endet in der Krise, in der Selbstzerstörung.

Die Regierung Chinas hat hier schon eingegriffen. Sie hat eine neue Börseneinführung („Ant Financial") verhindert und verhängte Strafzölle für Verstoße gegen das Wettbewerbsrecht gegen die Muttergesellschaft „Alibaba".

Singapur hat die Gründung neuer Datenbanken wegen fehlender Stromversorgung verboten.

Die US-amerikanische Finanzministerin hat die Initiative ergriffen und stellt eine Mindeststeuer für international tätige Großkonzerne und insbesondere für Technologie-Unternehmen zur Diskussion. Diese Mindeststeuer setzt aber unverändert am Gewinn als Bemessungsgrundlage an. Das ist allein schon wegen der unterschiedlichen Vorgehensweisen bei der Gewinnermittlung im Rahmen der Rechnungslegung der Unternehmen die falsche Bemessungsgrundlage. Eine Mindeststeuer von 21 % kommt den US-amerikanischen Unternehmen entgegen. Wenn in Deutschland und anderen Ländern der EU keine Gewinne ausgewiesen werden, fallen auch keine Mindeststeuern an. Erste Befürchtungen, dass dieser Ansatz nicht zum Erfolg führt, werden bereits vorgetragen. Es hat den Anschein, dass wir in einer verkehrten Welt leben. Warum beziehen wir die Mindeststeuer nicht auf den in den einzelnen Ländern getätigten Umsatz? Eine Umsatzsteuer von 4 bis 6 % würde hier einen besseren Ansatz darstellen.

Neuerdings ziehen die USA nach. Beide Parteien haben inzwischen fünf Gesetzentwürfe eingereicht, die gegen die Marktmacht der Technologie-Unternehmen gerichtet sind. (siehe FAZ v. 14.06.2021: „Washington knüpft sich Tech-Riesen vor").

X. Gesundheit und Klima

Gesundheit ist der Menschen höchstes Gut. Lebenswerte klimatische Verhältnisse sind unabdingbar für das menschliche Leben. Hinsichtlich der Gesundheit sind wir in Deutschland gut aufgestellt und an hervorragender Position in der Welt. Klimatisch leben wir in einer gemäßigten Zone und sind in Anbetracht der weltweit bestehenden Probleme noch gut davongekommen. Wir sollten aber nicht übersehen, dass wir uns auf der Welt in höchster Not befinden.

Die Probleme sind allgegenwärtig. Viele Aktionen sind eingeleitet. Was wir brauchen, sind schnelle Maßnahmen. Zwischenziele für den Zeitraum bis 2030 sind sinnvoll. Wirklich weiter bringen uns schnelle Maßnahmen. Wir müssen die nächste Wahlperiode gestalten.

Wir müssen die aufgezeigten Rahmenbedingungen, wo immer es möglich und nötig ist, ausbauen und verbessern. Sie sind ständig den wechselnden Gegebenheiten anzupassen. In letzter Zeit sind vielversprechende Ansätze erkennbar.

G „NACHHALTIGER, SOZIALER KAPITALISMUS" IN DEUTSCHLAND

I. Anmerkungen zur aktuellen Ausgangsposition im 1. Halbjahr 2021

1 Landtagswahlen in Baden-Württemberg, Rheinland-Pfalz und Sachsen-Anhalt

Am Sonntag, dem 14. März 2021, fanden Landtagswahlen in Baden-Württemberg und Rheinland-Pfalz statt. Sie waren in Anbetracht der im September stattfindenden Bundestagswahlen von besonderer Bedeutung, weil sie Tendenzen für den begonnenen Wahlkampf auf Bundesebene aufzeigten. Gewonnen haben in beiden Fällen die Parteien der bisherigen Amtsinhaber, in Baden-Württemberg die Grünen und in Rheinland-Pfalz die SPD. Das steht offensichtlich in Zusammenhang mit der Tatsache, dass beide Führungspersönlichkeiten bisher eine überzeugende Sachpolitik in ihrem Bundesland nachweisen konnten. Vertrauen und Identität der Bevölkerung waren die Basis für eine Wiederwahl. Es zeigt sich, dass eine gute Sachpolitik und überzeugende Führungspersönlichkeiten gefragt sind.

Inzwischen haben sich die bisherigen Koalitionen zur Fortführung der Zusammenarbeit entschlossen. Kontinuität bei erfolgreichen Strukturen lässt ein zukunftsorientiertes Verhalten erkennen.

Das gleiche Bild zeigen die Wahlen in Sachsen-Anhalt im Juni.

Für die in 100 Tagen anstehenden Bundestagswahlen lassen sich wesentliche Tendenzen und Entwicklungen erkennen, die diesem Grundsatz nicht unbedingt folgen.

2   Der Rückgang der Wählerschaft
der Volksparteien

Die beiden Volksparteien, die CDU/CSU und die SPD, sind in letzter Zeit die Verlierer der Wahlen. Sie haben die „Mitte" der Wählerschaft verloren und befinden sich in einem sich fortsetzenden Abwärtstrend. Das kommt insbesondere in der Zahl der Nichtwähler zum Ausdruck, die die Hälfte der Wahlberechtigten ausmacht. Zählt man die Zahl der Protestwähler hinzu, die sich am rechten und linken Rand ansammeln, zeigt sich eine bedrohliche Entwicklung, die außerordentlichen Handlungsbedarf anzeigt. Macht- und wahlpolitisches Taktieren kommt bei der Bevölkerung nicht an. Eine Politik des „Weiter so" hat keine Chance. Allein ein anspruchsvolles, kurz- und mittelfristiges Sachprogramm kann hier Veränderungen bringen. Wir brauchen schnelle Entscheidungen und ein Sachprogramm für die nächste Wahlperiode und nicht für die nächsten zehn Jahre oder sogar für 2050/2060 bzw. neuerdings 2045.

Die beiden „Volksparteien" vertreten Wählerschaften, die weniger als 15 % der wahlberechtigten Bürger ausmachen. Es bestehen Mehrheitsverhältnisse, die neue Koalitionen ermöglichen. Es ist keineswegs sicher, dass die CDU/CSU wieder den Kanzler stellt. Andere Konstellationen sind theoretisch möglich und durchaus denkbar. Den Grünen spielt die Nachhaltigkeit in die Karten. Sie liegen im Trend. Eine Frau als Kandidatin für das Bundeskanzleramt könnte einen weiteren Schub auslösen. Die SPD hat einen Kanzlerkandidaten, aber noch kein zukunftsorientiertes Sachprogramm. Höhere Steuern und noch mehr Wohlfahrtsstaat sind angezeigt, stellen aber keine langfristigen Lösungen dar. Wenn der „Steuergedenktag" schon im zweiten Halbjahr (18. Juli = 54,2 %) liegt, besteht kaum noch Spielraum für höhere Ertragssteuern. Zusätzliche Mittel für die gesetzliche Rentenversicherung stehen in der Zukunft an und kommen hinzu. Hier hilft nur die Regel: „Beteiligung geht vor Umverteilung." Die Grünen haben das Thema „Nachhaltigkeit" belegt. Der CDU/CSU bleibt das Thema „sozialer Bundesstaat".

Die SPD wird sich überlegen müssen, ob sie diesem Weg folgt. Über 60 % der wahlberechtigten Bevölkerung ist zurzeit mit der Politik der großen Koalition nicht mehr zufrieden. Wenn dieser Trend weiter anhält, sind Wahlanteile von 10 % und sogar die 5 %-Hürde nicht mehr fern. Hier helfen nur noch grundsätzliche, durchgreifende Veränderungen und nachhaltige und soziale Sachentscheidungen.

3 Die repräsentative Aufgabenstellung der Parteien

Im Grundgesetz steht: „Alle Staatsgewalt geht vom Volke aus." (Art.20, (2)) und: „Die Parteien wirken bei der politischen Willensbildung des Volkes mit." (Art.21, S. 1) Unsere beiden Volksparteien haben sich zunehmend von diesen Grundregeln entfernt. Sie führen mittlerweile ein Eigenleben, das die Verbindung mit der Basis, dem Wählerwillen, vermissen lässt. Nur 2 % der Wahlberechtigten sind Parteimitglieder. Diese stellen die Parteilisten auf. 50 % der zu wählenden Vertreter werden über die Zweitstimme gewählt und sind nur der Partei verpflichtet. Der Fraktionszwang kommt bei den Abstimmungen hinzu. Die Parteien befassen sich überwiegend nur mit sich selbst. Das gipfelt in der Entscheidung von zwei Kandidaten, die selbst entscheiden sollen, wer von beiden die Kandidatur wahrnimmt. Da beide sich nicht einigten, entscheidet der Parteivorstand der CDU – wie kann es anders sein – aus rein parteipolitischen Erwägungen. Wo bleibt die Dominanz der Sachentscheidung? Es geht nur noch um die Macht. Der Machtkampf zwischen den Parteien setzt sich im Innenverhältnis fort. Die Erhaltung der inneren Machtstrukturen steht bei allen Parteien im Vordergrund. Immanentes Verhalten verhindert notwendige Veränderungen und zukunftsfähige Systemanpassungen. Die Sachpolitik kommt zu kurz. Das bringt uns nicht weiter. Wo bleibt da der Wille des Volkes?

Der kritische deutsche Journalismus weist auf diesen Zustand mit aller Deutlichkeit hin. Zahlreiche Vorschläge für Änderungen werden unterbreitet. Zu erwähnen ist hier der Vorschlag für das „Kandidatenfindungsverfahren", das von dem US-amerikanischen Vorgehen abgeleitet wurde (FAZ v.4.4.21). Er sieht die Öffnung der Parteilisten für Nichtmitglieder vor, die sich im Beruf oder bei sonstigen Betätigungen bewährt haben. Dieser Personenkreis stellt sich nicht nur den Mitgliedern, sondern der gesamten Wählerschaft der jeweiligen Wahlregion. Eine Wahlreform, die den Abgeordneten nur seinem eigenen Gewissen verantwortlich sieht und der Sachpolitik den Vorrang einräumt, ist nötig. Eine Wahl der Hälfte der Abgeordneten durch eine zweite Stimme, die eine Parteiliste wählt, ist ein Schritt in die falsche Richtung. Darauf können und sollten wir in Deutschland verzichten. Ein sachbezogenes, zukunftsorientiertes Parteiprogramm ist eine zwingende Voraussetzung. Wahlen werden in der Mitte gewonnen. Die beiden Volksparteien haben ihre Mitte verloren. Der Kontakt zur Basis geht immer mehr verloren. Der ständige Parteienstreit ist völlig überflüssig. Eine neue „Mitte" ist zu formen. Die Wahlen sollte die Partei gewinnen, die das bessere Sachprogramm vorstellt. Das ist so auch richtig.

4   *Die weltweite Dominanz der Parteien*

Die Dominanz der Parteien findet sich über Deutschland hinaus in den Ländern der EU wieder. Sie verstärkt sich in den USA durch das Zweiparteien-System und findet im Staatskapitalismus, der nur auf einer Partei aufbaut, in China seine extreme Umsetzung. In allen anderen Staaten der Welt finden wir diese Varianten wieder. Haben wir den Mut, uns diesem Trend zu widersetzen. Folgen wir in Deutschland dem Geiste unserer Verfassung, stärken wir die unmittelbare Beteiligung des Bürgers bei der Wahl seines Vertreters. Nehmen wir die Zweitstimme zurück und verbieten wir den Fraktionszwang. Eine „dritte Variante" sollte in jedem Falle demokratischer ausgerichtet sein.

5 Die Neugestaltung der EU

Die Einstimmigkeit der Beschlusslage engt in der EU den Handlungsspielraum entscheidend ein, der Entscheidungsprozess wird verzögert. Hinzu kommt, dass jeder Mitgliedsstaat unabhängig von der Größe der Bevölkerungszahl eine Stimme hat. Alle Staaten müssen zustimmen. Das ist ein langwieriger Prozess und führt oft nicht zum Ziel. Das ist inzwischen erkannt. Der deutsche Außenminister hat die Aufhebung der Einstimmigkeit in der Beschlusslage eingefordert.

Die Umverteilung von finanziellen Mitteln ist auf Dauer keine Lösung für die bestehende Währungsunion. Die Vergemeinschaftung von Schulden der Einzelstaaten ist der falsche Weg.

Die letzten Krisen des 21. Jahrhunderts haben gezeigt, dass die EU mit Aufgaben konfrontiert war, für die sie weder über die notwendige Kompetenz noch über die erforderlichen organisatorischen Strukturen und Institutionen verfügte. Ein weitgehendes Versagen war die Folge.

Die Maastricht-Regeln werden überschritten. Das Verbot der Mithaftung wird nicht eingehalten. Die Schuldengrenze wird nicht beachtet. Ein Mitglied der Union, das zweitgrößte „Geberland“ Großbritannien, ist inzwischen zum Jahresende 2020 ausgeschieden, was ein herber Verlust ist. Wenn sich nichts Grundsätzliches ändert, werden weitere Länder folgen.

Wir müssen den Mut haben, die EU mit einem eigenen Haushalt auszustatten und gemeinsame Aufgabenfelder zu definieren. Der EU-Haushalt könnte durch die Überschüsse der Mitgliedsländer aus dem gegenseitigen Waren- und Dienstleistungsverkehr bedient werden. Als gemeinsame Aufgabengebiete kämen die gemeinsame Verteidigung der EU-Außengrenzen, eine EU-Wehrmacht, und eine gemeinsame Flüchtlingspolitik in Betracht. Wer Flüchtlinge aufnimmt, erhält auch eine angemessene Entschädigung. Ein schrittweises Vorgehen mit weiteren gemeinsamen Aufgaben könnte folgen. Hier bieten das Unternehmensrecht, das Steuerrecht und die Altersvorsorge ein weitgespanntes Betätigungsfeld.

Gemeinsame Schulden können nur bei gemeinsamem Handeln entstehen. Mehr Eigenständigkeit der EU ist gefragt. Das fängt mit einem entsprechenden Haushalt an. Deutschland muss hierzu den Anfang machen. Wir sollten zumindest einen Teil unseres Überschusses aus den Handelsbeziehungen mit den EU-Staaten jährlich bereitstellen. Das Ausmaß kann vom Umfang der gemeinsamen Aufgaben abgeleitet werden. Das gilt auch für alle Länder, die Überschüsse innerhalb der EU erzielen.

6 Der „Partizipative Sozialismus"

Thomas Piketty, Professor an der „École des hautes études en sciences sociales" in Paris, hat im Jahr 2019 einen Änderungsvorschlag für ein neues geopolitisches System für die EU vorgelegt. Dieser Vorschlag ist aus der Geschichte vergangener realer Wirtschaftssysteme abgeleitet und steht nach seinen Angaben der deutschen Sozialdemokratie sehr nahe. Er wendet sich gegen die „hyperkapitalistischen Gesellschaften" der westlichen Welt, den Neoliberalismus US-amerikanischer Prägung. Sein Systemvorschlag ist dem Konzept von John Rawls aus dem Jahre 1971 (Cambridge, Massachusetts) entlehnt, das auch „Maximin Prinzip" genannt wird. Es setzt bei dem Grundsatz der Gerechtigkeit an und strebt die Maximierung des Minimalwohls aller Bürger an. „Menschen werden frei und gleich an Rechten geboren; Unterschiede müssen sich auf Gemeinnutzen gründen". Bildungsgerechtigkeit, kein Recht des Aktionärs auf alleinige Kontrolle der Unternehmensführung und Änderung der Machtverhältnisse sowie Mitbestimmung und Teilhabe sind sinnvolle Veränderungen.

Überwindung des Kapitalismus und Systemwechsel zum Sozialismus im Sinne von „Vergemeinschaftung des Eigentums", Eigentum auf Zeit und Steuerprogressionen, noch mehr Umverteilung und Wohlfahrtsstaat sind ebenfalls vorgesehen und führen zu weit. Sie passen nicht zur neuesten deutschen wirtschaftsgeschichtlichen Entwicklung. Es ist auch nicht der richtige Weg für eine neue Ausrichtung der Europäischen Union. Wir gehören zur freiheitlichen, demokratischen westlichen Welt. Diese Zuordnung darf nicht zur Disposition stehen.

Die Ableitung des Systems von in der Realität entstandenen Wirtschaftsformen ist aber ein richtiger Ansatz.

Was wir brauchen, ist ein nachhaltiger, sozialer Kapitalismus, Beteiligung statt Umverteilung, fortentwickelte Vorstellungen von Gewinn, Eigentum und Kapital. Entsprechende Systemänderungen im Unternehmensrecht, in der Sozialgesetzgebung und im Steuerrecht stehen an. Dabei darf die Übertragbarkeit auf andere EU-Länder nicht verdrängt werden. Deutschland muss den ersten Schritt in diese Richtung wagen.

II. Anmerkungen zum aktuellen Krisen-Szenario (Juni 2021)

1 Zur Corona-Krise

Der Mai ist gekommen und schon vorüber. In der Corona-Krise ist in Deutschland eine Wende eingetreten. Die täglichen Impfungen überschreiten die Millionen-Grenze. Die Inzidenzziffer fällt in den letzten Tagen in Deutschland kontinuierlich. Sie lag Anfang Mai bei 126 (06.05.21). Einen Monat später, Ende der ersten Woche im Juni, ist sie unter 30 gesunken. Aktuell liegt sie unter 20. Die Änderung des Infektionsschutzgesetzes hat zu einem einheitlichen Vorgehen beigetragen. Die Wirkung einer „Notbremse" ist kaum festzustellen. Hierzu haben die Kompromisse hinsichtlich der vorgegebenen Inzidenzzahlen für die einzelnen Maßnahmen beigetragen. Die Vorgaben liegen zwischen 100 und 165 gegenüber einem ursprünglichen Ziel von 50.

Die umstrittene Ausgangssperre, neuerdings ab 22 Uhr, wurde vom Bundesverfassungsgericht in einem Schnellverfahren als nicht verfassungswidrig eingestuft.

Lockerungen für Geimpfte und Genesene wurden von Bundestag und Bundesrat beschlossen. Sie sollen zum Wochenende in Kraft treten. Die Priorisierung einzelner Altersgruppen wird aufgehoben. Die Impfung von Kindern im Alter von 12 bis 19 Jahren beginnt. Die dritte Welle ist gebrochen. Die sinkende Tendenz der Inzidenz hält an. Der Gesundheitsminister warnt weiterhin zur Vorsicht. Eine neue Mutante aus Indien kündigt sich in Europa an. Die internationalen Aufgaben warten auf uns.

Zu erwähnen ist, dass inzwischen die Aussetzung des Patent- und Lizenzrechtes intensiv diskutiert wird. Auch die USA haben sich dafür ausgesprochen. Die Börse hat schon reagiert.

Die Wirkung der Aussetzung wird bezweifelt. Wichtige Vorprodukte fehlen kurzfristig. Die Lieferketten funktionieren nicht hinreichend und die erforderlichen Produktionskapazitäten stehen für den Weltbedarf kurzfristig nicht zur Verfügung. Die Vereinigten Staaten sperren den Export wichtiger Vorprodukte. Es geht um einen hochkomplizierten Technologie-Transfer, der der ständigen Konsultation bedarf. Mit der Aussetzung des Patent- und Lizenzrechtes allein ist es nicht getan.

Der „digitale Impfpass" soll kurzfristig eingeführt werden. In Deutschland wird die Erfassung der Daten zu Verzögerungen führen.

Die Corona-Pandemie wird uns noch längerfristig begleiten.

2 Der Klimawandel

Was den Klimaschutz anbetrifft, so hat das Bundesverfassungsgericht Ende April einen Beschluss mit historischer Tragweite getroffen, indem es das geänderte Klimaschutzgesetz als mit dem Grundgesetz teilweise nicht vereinbar erklärt hat. Der „Klimaschutz" wird damit zum Wahlthema mit der Prioritätsstufe 1. Das Bundesverfassungsgericht hat der Regierung empfohlen, die Belange der jungen Generation stärker zu achten. Es hat den Klimaschutz in den größeren Rahmen der „Generationengerechtigkeit" eingeordnet. Damit wird dem Thema ein höherer Stellenwert zugeordnet. Die Angelegenheit ist in Bewegung gekommen.

Obwohl das Bundesverfassungsgericht eine Frist bis Ende 2022 gesetzt hat, wurde von der Bundesumweltministerin Svenja Schulze bereits ein Entwurf für eine Neufassung des Klimaschutzgesetzes für Deutschland vorgelegt. Er wurde rechtzeitig vor dem von der Bundeskanzlerin am Donnerstag (6.5.21) virtuell abgehaltenen „Petersberger Dialog" bekannt und dort diskutiert.

Der Entwurf sieht höhere Einsparungen für kürzere Zeiträume vor. So soll der CO_2-Ausstoss bis 2030 statt um -55 % um -65 %, bis 2040 um -88 % und bis 2045 statt 2050 um 100 % gesenkt werden. Für die einzelnen Jahre bis 2040 sind konkrete Einsparziele vorgegeben.

China hat auf dem virtuellen G 40-Gipfel, den Joe Biden initiiert hat, lediglich erklärt, dass im Zeitraum bis 2030 die Zeit steigender CO_2-Emissionen einige Jahre früher enden werde.

Ziele sind notwendig und gut; nur, sie müssen auch umgesetzt und erreicht werden. In dem Zusammenhang stimmt nachdenklich, dass über konkrete Maßnahmen und sinnvolle Einsparungen in den verschiedensten Bereichen nichts zu erfahren war. China und die USA (35,7 %) sind die Länder mit den höchsten Treibhausgas-Emissionen. Sie planen in diesem Jahr jeweils ein Wirtschaftswachstum von 6 %. Das bewirkt allein schon einen erheblichen Anstieg. Wachstum um jeden Preis kann da kein Ziel sein und bringt keine Hilfe. Auf dem Gebiet der Nachhaltigkeit gibt es noch viel zu tun. Hier fehlen die konkreten Maßnahmen. Der beste Strom ist der, den wir nicht produzieren, weil wir ihn nicht benötigen. Sparen ist angesagt.

Wir werden uns an späterer Stelle mit diesem Thema noch befassen.

III. Die Bedeutung des Gewinns als Ziel des Wirtschaftens

Die Soziale Marktwirtschaft war unbestritten das Erfolgskonzept der Nachkriegszeit in Deutschland. Die Marktwirtschaft setzte auf den freien Wettbewerb. Angebot und Nachfrage führten über den Preis zu einem gegenseitigen Ausgleich. Der Ordnungsrahmen des Staates bestimmte den Freiheitsspielraum. Die Realität zeigte, dass der freie Wettbewerb keineswegs zur optimalen Befriedigung der Bedürfnisse der Menschen und der Gemeinschaft führte. Es bedurfte der Eingriffe in vielfältiger Art bis hin zum Kartell-Gesetz.

Die soziale Komponente wurde nur als „Stilgedanke" verstanden, der der Gestaltung in Einzelpunkten bedurfte. Hier standen zunächst der Wiederaufbau und die Eingliederung der Vertriebenen aus dem Osten auf dem Programm. Beide Aufgaben wurden bewältigt. Insbesondere die Integration der Vertriebenen gelang, völlig unabhängig davon, woher sie kamen. Es gab viel zu tun und die Deutschen packten zu und waren erfolgreich. Die Marktwirtschaft erwies sich der Planwirtschaft gegenüber als überlegen. Der Grund dieser Überlegenheit liegt in dem höheren Maß an privater Initiative, das aus dem freien Spiel von Angebot und Nachfrage, dem Streben nach Gewinn, erwächst.

Es stellt sich daher zuerst die Frage:

1 Was ist „Gewinn" in wirtschaftlichem Sinn?

Gewinn entsteht, wenn bei wirtschaftlichem Handeln mehr übrigbleibt, als eingesetzt wurde, und wenn die Einnahmen die Ausgaben übersteigen. Gewinn entsteht bei einer einzelnen Handlung und bei einer Folge von Handlungen, die während eines Zeitraums in Ausrichtung auf eine langfristige Aufgabenstellung im Zusammenhang getätigt werden. Die Unternehmung als Basiseinheit ist eine solche „langfristige Veranstaltung".

Das Resultat des Handelns kann positiv oder negativ ausfallen, entsprechend entsteht ein Gewinn oder ein Verlust. Dieser kann für die Unternehmung als langfristige Veranstaltung endgültig nur zum Ende festgestellt werden. Da die Unternehmung in der Regel auf unbestimmte Zeit und auf Dauer gegründet und geführt wird, entsteht hier im Ablauf der Zeit ein offenes Ende. Dieser Zustand ist mit dem Auftrag der wirtschaftlichen Geschäftsführung nur bedingt vereinbar. Die Geschäftsführung bedarf neben der vorausschauenden Planung der ständigen Kontrolle. Dem hat der Gesetzgeber von Anfang an entsprochen. Im Handelsgesetzbuch steht:

„Jeder Kaufmann ist verpflichtet, Bücher zu führen und in diesen seine Handelsgeschäfte und die Lage seines Vermögens nach den Grundsätzen ordnungsmäßiger Buchführung ersichtlich zu machen". (HGB, § 38, 1. Abs., 43. Auflage, 1955) Und weiter: „Jeder Kaufmann hat bei dem Beginn seines Handelsgewerbes seine Grundstücke, seine Forderungen und Schulden, den Betrag seines baren Geldes und seine sonstigen Vermögensgegenstände genau zu bezeichnen, dabei den Wert der einzelnen Vermögensgegenstände anzugeben und einen das Verhältnis des Vermögens und der Schulden darstellenden Abschluss zu machen". (§ 39, (1)) In § 39 heißt es ferner: „Er hat demnächst für den Schluss eines jeden Geschäftsjahres ein solches Inventar und eine solche Bilanz aufzustellen". Und in § 40: „Bei der Aufstellung des Inventars und der Bilanz sind sämtliche Vermögensgegenstände und Schulden nach dem Werte anzusetzen, der ihnen in dem Zeitpunkte beizulegen ist, für welchen die Aufstellung stattfindet". Im HGB, 65. Auflage, 2020 steht in § 242, (1) – (3): „Der Kaufmann hat zu Beginn seines Handelsgewerbes und für den Schluss eines jeden Geschäftsjahrs einen das Verhältnis seines Vermögens und seiner Schulden darstellenden Abschluss (Eröffnungsbilanz, Bilanz) aufzustellen. Er hat für den Schluss eines jeden Geschäftsjahrs eine Gegenüberstellung der Aufwendungen und der Erträge des Geschäftsjahres (Gewinn- und Verlustrechnung) aufzustellen. Die Bilanz und die Gewinn- und Verlustrechnung bilden den Jahresabschluss".

Aus der Gegenüberstellung von Vermögen und Schulden entsteht das Nettovermögen/Nettokapital. Im Vergleich zweier aufeinanderfolgender Jahre ergibt sich die Veränderung des Nettovermögens/Nettokapitals als Jahreserfolg. Dieser Jahresgewinn oder -verlust ergibt sich auch aus der Gewinn- und Verlustrechnung des Jahres durch die Gegenüberstellung der Aufwendungen und Erträge. Diese doppelte Darstellung basiert auf den Grundsätzen ordnungsgemäßer Buchführung und Bilanzierung, die auf dem System der Doppik aufbauen. Jeder Vorgang wird doppelt verbucht.

Die bisher zitierten Auszüge aus dem Handelsgesetzbuch führen zu folgenden Schlussfolgerungen:

Die Bilanz des Jahresabschlusses spiegelt die Verhältnisse zum Jahresende wider. Es ist ein Stichtagsbild Der Jahreserfolg, der sich aus dem Vergleich zweier Stichtagesbilanzen ergibt, ist ein vorläufiger Wert.

Die Gewinn- und Verlustrechnung gibt das Geschehen während des Jahreszeitraums wieder. Der Vergleich von Wertschöpfung und Wertverzehr führt ebenso zum Jahreserfolg.

2 Der Jahresgewinn als Eigenkapital des Unternehmens

Ergänzt man diese Feststellungen mit der Eigenschaft der Unternehmung als eigene Rechtspersönlichkeit, ergibt sich der Schluss, dass der Jahreserfolg zunächst der Erfolg der Unternehmung ist. Der Jahresgewinn ist dem Eigenkapital des Unternehmens zuzuordnen. Für die Vorwegnahme von zukünftigen Entwicklungen in Form von kapitalisierten Erwartungen ist hier kein Ansatz erkennbar und auch kein Platz.

Diese Sicht hat unmittelbare Auswirkungen auf den Begriff „Kapital". Kapital ist das Spiegelbild des Vermögens der Unternehmung zum Augenblick der Erstellung des Jahresabschlusses. Mit dieser Inhaltsbestimmung werden sich die nachfolgenden Ausführungen noch intensiv befassen.

Aufgabe wirtschaftlichen Handelns ist, Werte zu schaffen, also Wertschöpfung. Dies ist im Interesse jedes Einzelnen und damit auch im Interesse der Gemeinschaft und des Staates. Wertschöpfung bestimmt den Reichtum eines jeden Einzelnen und der Gesamtheit. Sie geht über die wirtschaftliche Seite weit hinaus und umfasst auch den moralischen, religiösen, kulturellen und politischen Bereich. Sie zu fördern, ist unser aller Aufgabe. Dies gelingt dann, wenn die gemeinschaftlichen und die individuellen Interessen aufeinander abgestimmt und gleichgerichtet sind. Das setzt ein einheitliches Verhalten voraus.

Wirtschaftliches Handeln unterliegt dem Prinzip der Wirtschaftlichkeit. Es besagt in seiner zweigeteilten Definition, dass mit einem bestimmten Einsatz ein möglichst hoher Ertrag erzielt wird, bzw. dass ein bestimmter Ertrag mit möglichst geringem Einsatz erreicht wird. Das Prinzip leitet sich aus der begrenzten Verfügbarkeit der produktiven Faktoren ab. Wer sich entsprechend verhält, handelt rational.

Wirtschaftliches Handeln in diesem Sinn wird von jedem Einzelnen, von jeder menschlichen Gemeinschaft und letztlich vom Staat erwartet.

Es ist auch unbestritten, dass das Ziel wirtschaftlichen Handelns in der Marktwirtschaft und damit in den Unternehmen der Gewinn ist. Aber: Was ist Gewinn? Und wie gehen wir mit dem Gewinn um? Wenn wir die Marktwirtschaft als das beste System betrachten, dann muss doch die Gewinnerzielung als Bestandteil der Wertschöpfung auch positiv gesehen werden. Die Gewinnerzielung ist inhärenter Bestandteil des marktwirtschaftlichen Systems. Wer die Marktwirtschaft will, kann den Gewinn nicht ablehnen.

Wir sehen den Gewinn aber keinesfalls uneingeschränkt positiv. Hierfür gibt es vielerlei Gründe, denen es nachzugehen gilt, wenn wir diesen Mangel beseitigen wollen.

3 Das Jahresergebnis als vorläufiges Zwischenergebnis

Gewinn entsteht, wenn bei einer Handlung mehr herauskommt, als eingesetzt wurde. Modern ausgedrückt: Wenn der Output höher ist als der Input. Oder finanziell und einfach formuliert: Wenn die Einnahme höher ist als die Ausgabe.

Gewinn ist der Überschuss der Einnahme über die Ausgabe. Dieser entsteht bei einer einzelnen Handlung und bei einer Folge von Handlungen, die während eines Zeitraums in Ausrichtung auf eine langfristige Aufgabenstellung im Zusammenhang getätigt werden. Das Unternehmen als zentrale Einheit der Marktwirtschaft ist eine langfristige Veranstaltung.

Übersteigen die Ausgaben die Einnahmen, entsteht ein Verlust. Positiver oder negativer Erfolg ist bei wirtschaftlichem Handeln als Ergebnis möglich. Verständlich ist, dass positiver Erfolg – Gewinn – das erstrebte Ziel darstellt. Wer Gewinn erzielt, wirtschaftet positiv, schafft zusätzliche Werte. Wer Verlust erzielt, vernichtet Werte.

Werden wirtschaftliche Handlungen in Ausrichtung auf eine dauerhafte Aufgabenstellung über einen längeren Zeitraum ausgeübt, kann das Ergebnis erst nach Ablauf des gesamten Zeitraums endgültig festgestellt werden. Von Gewinn könnte bei dieser Betrachtungsweise bestenfalls dann gesprochen werden, wenn bei einer dauerhaften Betätigung nach einem bestimmten Zeitraum die Einnahmen in dem gesamten Zeitraum die getätigten Ausgaben übersteigen. Selbst dieser Gewinn ist jedoch als vorläufig zu betrachten, da die Handlungen noch andauern und der Fortgang nicht vollkommen vorausgesehen werden kann.

Die Ermittlung des Gewinns wird durch die Grundsätzen ordnungsmäßiger Buchführung und Bilanzierung geregelt. Sie bauen im deutschen Handelsrecht auf dem Anschaffungswert, dem Niederstwert, der Imparität, der Verlustantizipation und der Realisation auf. Die Grundsätze der Bilanzwahrheit, Bilanzklarheit, Bilanzvollständigkeit und Bilanzkontinuität kommen hinzu.

Diese wenigen Überlegungen zeigen, wie problematisch es ist, während des Fortgangs einer wirtschaftlichen Tätigkeit – während des Lebens eines Unternehmens – vorab von einem Gewinn zu sprechen. Ein solcher Gewinn unterliegt dem Einfluss zukünftiger Handlungen und Risiken und baut daher auf Annahmen über die zukünftige Entwicklung auf, die sich oft nicht als Hypothesen erweisen, sondern allzu oft als Fiktionen. Das heißt, die Annahmen sind falsch bzw. treffen nicht ein. Es kann sich also bestenfalls um einen Zwischengewinn handeln. Das trifft in hohem Maß auf den jährlich ermittelten Gewinn zu.

Die alles entscheidende Frage ist daher: Ist der Gewinn realisiert oder nur für die Zukunft erwartet? Die Kapitalisierung zukünftiger Jahresgewinne hat im aktuellen Jahresabschluss als Gewinn keinen Platz. Sind Teile davon vereinnahmt, z. B. durch den Verkauf eigener Aktien, sollte der Überschuss buchhalterisch abgegrenzt werden (als „derivativer Geschäftswert"). Die Gegenbuchung sollte nicht als Ertrag erscheinen. Es ist kein Gewinn entstanden. Die Gegenbuchung gehört in die Bilanz, und zwar auf die Passivseite als Abgrenzung. Beide Positionen sind in der Zukunft jährlich neu zu bewerten und entsprechend dem jeweiligen kapitalisierten Jahresanteil zu mindern.

4 Zur Geschichte des wirtschaftlichen Gewinns

In der 65. Auflage des HGB vom 21. Februar 2020 steht in § 1: „Kaufmann im Sinne dieses Gesetzbuches ist, wer ein Handelsgewerbe betreibt. Handelsgewerbe ist jeder Gewerbebetrieb, es sei denn, dass das Unternehmen nach Art und Umfang einen in kaufmännischer Weise eingerichteten Geschäftsbetrieb nicht erfordert".

„Jeder Kaufmann ist verpflichtet, Bücher zu führen und in diesen seine Handelsgeschäfte und die Lage seines Vermögens nach den Grundsätzen ordnungsmäßiger Buchführung ersichtlich zu machen".

(HGB § 238, 65. Auflage, 2020).

„Der Kaufmann hat zu Beginn seines Handelsgewerbes und für den Schluss eines jeden Geschäftsjahres einen das Verhältnis seines Vermögens und seiner Schulden darstellenden Abschluss (Eröffnungsbilanz, Bilanz) aufzustellen.

Er hat für den Schluss eines jeden Geschäftsjahres eine Gegenüberstellung der Aufwendungen und Erträge des Geschäftsjahres (Gewinn- und Verlustrechnung) aufzustellen.

Die Bilanz und die Gewinn- und Verlustrechnung bilden den Jahresabschluss". (HGB § 242)

Die allgemeinen Bewertungsgrundsätze sind in § 252 aufgeführt.

Mit diesen Ausführungen des Handelsgesetzbuches sind die Grundregeln der Rechnungslegung des Kaufmannes für das von ihm betriebene Handelsgewerbe festgelegt.

Ein Vergleich mit den oben dargestellten Regelungen der 43. Auflage aus dem Jahr 1953 führt zur weitgehenden Übereinstimmung.

Die wichtigste Feststellung ist, dass von Anfang an eine jährliche Ermittlung der Vermögensgegenstände und Schulden gesetzlich vorgeschrieben war.

Aus der Gegenüberstellung von Vermögen und Schulden ergibt sich das Eigenkapital. Im Vergleich zweier Jahre ergibt sich die Veränderung des Eigenkapitals, der Jahreserfolg.

In diesem Zusammenhang ist das Bürgerliche Gesetzbuch, §721, von Bedeutung. Hier steht: „Ein Gesellschafter kann den Rechnungsabschluss und die Verteilung des Gewinns und Verlustes erst nach der Auflösung der Gesellschaft verlangen.

Ist die Gesellschaft von längerer Dauer, so hat der Rechnungsabschluss und die Gewinnverteilung im Zweifel am Schlusse jedes Geschäftsjahres zu erfolgen".

Hieraus geht deutlich hervor, dass ein Unternehmen eine auf Dauer ausgerichtete Veranstaltung ist und der Gewinn erst am Ende endgültig festgestellt werden kann.

Kehren wir zum Handelsgesetzbuch zurück.

In einem zweiten Buch des Handelsgesetzbuches sind die einzelnen Rechtsformen der Handelsgesellschaften beschrieben. Hier steht im ersten Abschnitt (Offene Handelsgesellschaft) in §120 (Gewinn, Verlust): „Am Schlusse jedes Geschäftsjahres wird aufgrund der Bilanz der Gewinn oder der Verlust des Jahres ermittelt und für jeden Gesellschafter sein Anteil daran berechnet".

„Der einem Gesellschafter zukommende Gewinn wird dem Kapitalanteil des Gesellschafters zugeschrieben; der auf einen Gesellschafter entfallende Verlust sowie das während des Geschäftsjahrs auf den Kapitalanteil entnommene Geld wird davon abgeschrieben".

Weiterhin von Bedeutung sind die §§121 und 122.

§ 121 (1) (Verteilung): „Von dem Jahresgewinne gebührt jedem Gesellschafter zunächst ein Anteil in Höhe von vier vom Hundert seines Kapitalanteils. Reicht der Jahresgewinn hierzu nicht aus, so bestimmen sich die Anteile nach einem entsprechend niedrigeren Satze".

§ 122 (Entnahmen): „Jeder Gesellschafter ist berechtigt, aus der Gesellschaftskasse Geld bis zum Betrage von vier vom Hundert seines für das letzte Geschäftsjahr festgestellten Kapitalanteils zu seinen Lasten zu erheben und, soweit es nicht zum offenbaren Schaden der Gesellschaft gereicht, auch die Auszahlung seines den bezeichnenden Betrag übersteigenden Anteils am Gewinn des letzten Jahres zu verlangen.

Im Übrigen ist ein Gesellschafter nicht befugt, ohne Einwilligung der anderen Gesellschafter seinen Kapitalanteil zu vermindern".

Die vorausgehenden Zitate sagen aus, dass ermittelte Jahresgewinne zunächst dem Kapitalkonto zugeschrieben werden. Wichtig ist, dass eindeutig zwischen zugeteiltem Gewinn und Entnahme unterschieden wird. Für eine Entnahme sind zunächst nur 4 % vom Kapital vorgesehen, das heißt, eine begrenzte Summe.

Selbst in der Offenen Handelsgesellschaft, in der der Gesellschafter mit seinem gesamten Vermögen haftet und in der Regel die Geschäftsführung wahrnimmt, ist der Verbleib des Jahresgewinns in der Gesellschaft ein erklärtes Ziel. Über eine normale Verzinsung hinausgehende Entnahmen sind nur dann vorgesehen, wenn sie dem Unternehmen nicht schaden. Die Unternehmensinteressen stehen über den Interessen des einzelnen Gesellschafters.

Dieser Grundsatz gilt auch für die Aktiengesellschaft und für den Eigner von Anteilen des Grundkapitals. Die Unternehmensinteressen sind primär auf die Bereitstellung von Produkten und Dienstleistungen für den Bedarf der Gemeinschaft ausgerichtet. Vom Wirtschaftlichkeitsprinzip leitet sich her, dass dieser Produktionsprozess um die ständige Verbesserung der Produktivität dieser Betätigung bemüht ist. Insofern konkurriert die Gewinnerzielung mit den Aufwendungen für Forschung und Entwicklung der Produkte sowie für Ausbildung der Mitarbeiter. Es geht also um langfristige Gewinnoptimierung und nicht um kurzfristige Gewinnmaximierung. Die Optimierung umfasst:

~ 17 ~ den langfristigen Gewinn – die Forschung und Entwicklung – die Ausbildung der Mitarbeiter

5   Der Jahresgewinn ist keine steuerliche Bemessungsgrundlage

Ein Unternehmen ist eine langfristige Veranstaltung. Die in regelmäßigem, jährlichem Abstand dargestellte aktuelle Vermögenslage des Unternehmens ist aus diesem Grunde zwingend und sinnvoll. Die damit verbundene, periodengerechte Zuordnung und Abgrenzung von Einnahmen und Ausgaben führt zur Aufwands- und Ertragsrechnung und damit zur Gewinn- und Verlustrechnung eines Zeitraumes, nämlich eines Jahres.

Der so ermittelte Jahresgewinn ist ein Zwischengewinn, der zukünftiges Handeln und das damit verbundene Risiko nicht hinreichend voraussehen und damit nicht endgültig bestimmen kann.

Dieser Zwischengewinn ist zudem von steuerlichen Zielen und Erfordernissen beeinflusst, die der rein wirtschaftlichen Betrachtungsweise nicht immer gerecht werden.

Es stellt sich vor dem Hintergrund der vorausgehenden Ausführungen die grundsätzliche Frage, ob der jährlich ermittelte Gewinn nach derzeitiger handelsrechtlicher und steuerrechtlicher Regelung als steuerliche Bemessungsgrundlage geeignet ist. Die Antwort lautet: Nein!

Gewinn als Ziel des individuellen und gesamtwirtschaftlichen Handelns ist eine gewollte, das Gesamtwohl fördernde Komponente. Die Besteuerung dieser Komponente wird vom einzelnen, positiv Handelnden als Bestrafung empfunden. Dies fördert die Eigeninitiative des Einzelnen nicht. Die Leistungsbereitschaft wird nicht gestützt, sie bleibt vielmehr auf der Strecke, wenn ein bestimmtes, akzeptiertes Maß überschritten wird. Das gewollte Ziel wird nicht unterstützt, sondern behindert.

Hinzu kommt, dass die Gesamtheit der handelsrechtlichen und steuerlichen Bestimmungen so komplex und kompliziert ist, dass selbst der hochqualifizierte Kaufmann sich außer Stande sieht, die Zusammenhänge zu überschauen und die steuerliche Verantwortung gegenüber dem Staat zu tragen. Die ausführenden Funktionen auf einen dafür ausgebildeten Berufsstand zu übertragen und trotzdem in der Verantwortung und damit in der Haftung zu bleiben, kann für einen Kaufmann keine zufriedenstellende Lösung sein. Die Bereitschaft des Einzelnen, sich unternehmerisch zu betätigen, wird gebremst.

Wir haben zudem weiter oben ausgeführt, dass der Jahresgewinn als Zwischengewinn zu sehen ist und auf Fiktionen beruht, die eine Eignung für eine Besteuerung zusätzlich infrage stellen.

Nach § 12 des Bewertungsgesetzes wird der für die steuerliche Bewertung eines Wirtschaftsgutes geltende Teilwert definiert:

„Wirtschaftsgüter, die einem Unternehmen dienen, sind in der Regel mit dem Teilwert anzusetzen. Teilwert ist der Betrag, den ein Erwerber des ganzen Unternehmens im Rahmen des Gesamtkaufpreises für das einzelne Wirtschaftsgut ansetzen würde. Dabei ist davon auszugehen, dass der Erwerber das Unternehmen fortführt".

In dieser Definition sind zwei Annahmen formuliert: Das sind die Annahmen, dass der Wert eines einzelnen Wirtschaftsgutes:

» im Zusammenhang mit dem Gesamtkaufpreis des Unternehmens zu sehen ist und
» dass das Unternehmen fortgeführt wird.
» Hier ergeben sich zwei Grundfälle:
» Das Unternehmen wird fortgeführt.

Hier gilt das bereits Gesagte. Die in der Fortführung begründeten Risiken sind in der heutigen globalisierten Wirtschaft so gravierend, dass der Jahresgewinn in verstärktem Maße als

Zwischengewinn zu sehen ist und daher als steuerliche Bemessungsgrundlage zunehmend nicht geeignet ist.

» Das Unternehmen wird – zumindest in Teilen – nicht fortgeführt.

Die Aussonderung von Unternehmensteilen, die unwirtschaftlich sind oder aus anderen Gründen ausgesondert werden, gehört zum laufenden wirtschaftlichen Handeln. Wenn aber in kürzester Zeit nach dem Erwerb eines Unternehmens Teile ausgesondert oder veräußert werden, dann stellt sich die Frage, ob der Tatbestand der Fortführung des Unternehmens schon zum Zeitpunkt des Erwerbes in diesen Teilen nicht gegeben war. Dann müsste die Bewertung zum Zeitpunkt der ersten Veräußerung zumindest aus der Sicht des Käufers diesen Tatbestand berücksichtigen. Das heißt, die Risiken der Nichtfortführung müssten zum Zeitpunkt des Kaufes bereits für diesen Teil des Unternehmens berücksichtigt werden. Das hat Konsequenzen für die Beurteilung des Gesamtkaufpreises.

Da der Wert eines Wirtschaftsgutes in aller Regel von gezahlten Preisen abgeleitet wird, sollte der Kaufpreis für das Gesamtunternehmen auch für den fortgeschriebenen Preis aller einzelnen Wirtschaftsgüter bestimmend sein. Reichen hierfür die fortgeschriebenen Anschaffungspreise der einzelnen Wirtschaftsgüter nicht aus, entsteht ein derivativer Geschäftswert. Ein solcher bezahlter Geschäftswert steht in der Regel für Werte, die im Laufe eines Unternehmens entstanden sind, ohne dass hierfür Ausgaben erfasst bzw. nachgewiesen wurden. Hierfür gibt es vielerlei Gründe wie Erfahrung der Belegschaft, Kundenstamm, Unternehmensorganisation etc. Sind solche Werte vorhanden, kommen sie in der Regel im erzielten Jahresgewinn zum Ausdruck oder werden im zukünftigen Überschuss erwartet. Es entsteht ein konkretes Wirtschaftsgut im Zeitpunkt des Kaufs, das durch die zugeordnete Ausgabe belegt wird.

Dieses Wirtschaftsgut „Geschäftswert" ist daher zu sehen und zu behandeln wie jedes andere Wirtschaftsgut. Der Geschäftswert ist nur dann gerechtfertigt, wenn in der Zukunft ein Überschuss erzielt wird, der zur Tilgung zur Verfügung steht. Diese Tilgung sollte in einem überschaubaren, dem wirtschaftlichen Vorsichtsprinzip entsprechenden Zeitraum möglich sein.

Hier ist dann auch der Tatbestand berücksichtigt, dass der Kauf eines Unternehmens durch ein anderes Unternehmen neue Ertragschancen eröffnen kann, die das gekaufte Unternehmen in Alleinstellung nicht hat.

Hier bleibt es dem Verhandlungsgeschick von Käufer und Verkäufer überlassen, inwieweit sich diese Ertragschancen im ausgehandelten Preis für das Unternehmen ausdrücken.

Eine Sonderabschreibung des Geschäftswertes oder auch der einzelnen erworbenen Wirtschaftsgüter nach geltendem Steuerrecht in kurzer Zeit nach dem Erwerb erscheint in anderem Licht. Sie erweckt den Anschein der Beteiligung des Staates an nicht gerechtfertigten Kaufpreisen. Sie sollte grundsätzlich steuerlich nicht anerkannt werden.

Wird, wie oben aufgezeigt, nach kurzer Zeit ein Teil des Unternehmens zu einem Preis verkauft, der den anteiligen Geschäftswert nicht abdeckt, bietet sich die Vermutung an, dass dieser Geschäftswert dem übrigen Unternehmensteil zuzuordnen ist. Eine Sonderabschreibung signalisiert einen überhöhten Kaufpreis, sozusagen eine Fehlentscheidung.

Der Kauf von Unternehmen oder Unternehmensteilen ist als ordentliche, dem Geschäftszweck dienende Maßnahme zu verstehen. Hier handelt es sich nicht um eine außerordentliche Maßnahme, die außerhalb des ordentlichen Geschäftsgebarens stattfindet.

Die spektakulären Unternehmenskäufe der letzten Zeit, die Kaufpreise bis zum 20-Fachen des Jahresgewinnes und mehr ergeben, erfahren eine völlig neue Beurteilung. Kaufpreise in mehrstelliger Milliardenhöhe, die binnen kurzer Zeit Sonderabschreibungen in Milliardenhöhe verursachen, haben mit sinnvollem unternehmerischem Verhalten nichts zu tun. Sie sind unverantwortlichem Machtstreben zuzuordnen und dürfen von Seiten des Staates nicht unterstützt werden. Sie sind auch nicht mit den Erfordernissen der Globalisierung zu erklären.

Zahlt ein Unternehmen solche Preise, dann sind sie nur dann gerechtfertigt, wenn diese Ausgaben in den Folgejahren durch die Einnahmen hinreichend gedeckt werden können. Das heißt, dass ein Überschuss übrigbleibt. Unternehmenskäufe sind als normale strategische Maßnahmen zu verstehen. Was ist hier außerordentlich? Es liegt eine zukunftsbezogene Ausgabe vor, die durch zukünftige Einnahmen zu decken ist. Es handelt sich um eine Investition wie jede andere. Die Entscheidung und die Folgen sind von der Geschäftsführung zu verantworten. Ein Jahresgewinn, der durch eine Sonderabschreibung der aufgezeigten Art negativ beeinflusst wird, ist in besonderem Maße kritisch zu sehen. Eine solche Sonderabschreibung sollte steuerlich nicht anerkannt werden.

Fazit: Der Jahresgewinn als Zwischengewinn ist als Bemessungsgrundlage für eine Besteuerung ungeeignet.

Eine Gewinnbesteuerung in der derzeitigen Definition ist nicht leistungsfördernd und damit systemschädlich. Der Jahresgewinn sollte in einer zukunftsorientierten Marktwirtschaft nicht als Bemessungsgrundlage für eine Besteuerung herangezogen werden.

Wenn der Jahresgewinn als Bemessungsgrundlage für eine Besteuerung ausfällt, ist auch der „Mehrwert" keine geeignete steuerliche Bemessungsgrundlage. Auch hier ist eine bessere Lösung zu finden. Auf diese Frage wird später näher einzugehen sein.

6 Der Gewinnanspruch

Im Laufe der Zeit wurde mit der Ausgestaltung der Rechtsformen eine Trennung zwischen Eigentum und Haftung und zwischen Eigentum und Geschäftsführung vollzogen. Dies geschah sicher aus wohlüberlegten Gründen.

Eigentum verpflichtet. Wenn Verpflichtungen wie die Führung der Geschäfte übertragen und die Haftung eingeschränkt werden, ist eine Abtrennung von damit verbundenen Rechten eine zwangsläufige Folge.

So ist z. B. die oben aufgezeigte Gewinnbeteiligung der Vorstände (§ 77 Akt. G., 43. Auflage, 1955) zu sehen. Wird die Geschäftsführung vom Kapital getrennt, ist es folgerichtig, dass die Geschäftsführung auch am erzielten Erfolg beteiligt wird.

Wie steht es aber mit dem Postulat, das im Absatz (3) dieses § 77 ausgesprochen wird: „Gewinnbeteiligungen sollen in einem angemessenen Verhältnis stehen zu den Aufwendungen zugunsten der Gefolgschaft oder von Einrichtungen, die dem gemeinen Wohle dienen". Der Begriff „Gefolgschaft" leitet sich von folgen ab. In einem Unternehmen zählen die Mitarbeiter zu dieser Gefolgschaft.

Hier ist ein Ansatz zur sozialen Sicherung zu sehen. Die soziale Sicherung als Verpflichtung des Staates findet eine Unterstützung und damit eine Basis in der Verpflichtung des einzelnen Unternehmens, einen angemessenen Beitrag zu leisten. Das ist ein großes Thema unserer Zeit. Die Entwicklung in den letzten Jahrzehnten zum System eines Wohlfahrtsstaates erweist sich verstärkt als Fehlentwicklung. Dies kommt insbesondere darin zum Ausdruck, dass dieser Weg von Seiten des Staates zunehmend nicht finanziert werden kann.

Was in unserem Zusammenhang an dieser Stelle wichtig erscheint, ist die Tatsache, dass die Gewinnbeteiligung des Vorstandes keine Alleinstellung einnimmt. Sie hat in einem angemessenen Verhältnis zu den Aufwendungen zugunsten der gesamten Belegschaft zu stehen. Das schließt die Beiträge zur Altersvorsorge ein. Dieses Postulat kann auch nicht durch die Ausweitung der Gewinnbeteiligung auf weitere Kreise der Führungskräfte abschließend gelöst werden. Vielmehr ist die gesamte Belegschaft eines Unternehmens einzubeziehen. Das heißt, dass grundsätzlich jeder Beschäftigte eines Unternehmens einen Anspruch auf Beteiligung am Überschuss haben sollte.

Das heißt wiederum, dass Shareholder-Value nicht das Maß aller Dinge sein kann und nicht sein darf. Dieser Grundsatz wirkt gegen die oben aufgezeigte Trennung von Eigentum einerseits und Haftungsbeschränkung bzw. Geschäftsführung andererseits. Neben dem „Shareholder", dem Eigner eines Kapitalanteils, gibt es noch weitere „Stakeholder", weitere Beteiligte, die einen Anteil am Geschehen in einem Unternehmen haben. Es geht dabei um das „angemessene Verhältnis" der Beteiligung aller, die Anteil am Geschehen in einer Unternehmung haben.

Shareholder-Value ist als einseitiger Machtanspruch abzulehnen.

Alle im Unternehmen mitarbeitende, am Erfolg Beteiligte haben einen angemessenen Anspruch auf Beteiligung am Erfolg, am Überschuss und auch entsprechend am Misserfolg.

Um dies näher zu begründen, wählen wir eine Anlehnung an die betriebswirtschaftliche Literatur.

7 Die wirtschaftlichen Produktivfaktoren

Erich Gutenberg hat in seinem Werk „Grundlagen der Betriebswirtschaftslehre" im ersten Band die Produktivfaktoren, die eine Wertschöpfung im betrieblichen Prozessablauf bestimmen, dargestellt. Er beschreibt drei elementare Produktivfaktoren:

~ 18 ~ Menschliche Arbeitsleistung –
Betriebsmittel – Werkstoffeinsatz (Roh-,
Hilfs- und Betriebsstoffe, Waren)

(Grundlagen der Betriebswirtschaftslehre, Erster Band, Die Produktion, 24. Auflage, 1983, Erster Teil, erster und zweiter Abschnitt)

Die menschliche Arbeitsleistung, den „Faktor Arbeit", unterteilt er in die ausführenden Tätigkeiten und die „dispositiven Faktoren". Hierzu zählen neben der Geschäfts- und Betriebsleitung die Funktionen der Planung und der Organisation sowie der Koordination und der Information.

Die Betriebsmittel entsprechen im Wesentlichen dem in der Bilanz erfassten Anlagevermögen. Der dritte Faktor umfasst alle Materialien, die weiterverarbeitet oder auch unbearbeitet (Waren) weiterveräußert werden. Hierzu zählen auch die liquiden Mittel verschiedenster Art, die als nicht verwendetes Kapital zur Verfügung stehen.

Die menschliche Arbeitsleistung, und zwar vom einzelnen Arbeiter bis zur Führungskraft, letztlich dem Vorstandsmitglied, umfasst all die Dinge und Handlungen, die letztlich den unternehmerischen Erfolg ausmachen und in den übrigen Faktoren nicht enthalten sind. Dazu zählen unter anderem auch das Wissen und die Erfahrungen, die die gesamte Belegschaft im Laufe der Zeit aufgebaut und gesammelt hat. Das Mitdenken und das aktive Handeln eines jeden Mitarbeiters bestimmen letztlich den Beitrag des dispositiven Faktors. Wichtig ist dabei, dass der dispositive Faktor nicht personenbezogen definiert wird. Das hängt damit zusammen, dass alle am unternehmerischen Erfolg beteiligt sind. Das bewirkt wiederum, dass gut geführte Unternehmen diese Wirkung in ihr unternehmerisches Handeln einbeziehen und fördern, sei es durch Einbeziehung jedes Einzelnen bei der Meinungsbildung, z. B. dem betrieblichen Vorschlagswesen, oder der Gewinnbeteiligung in verschiedensten Formen. Auf freiwilliger Basis ist aber keine konsequente Umsetzung erreicht worden.

Fazit: Eine gebührende Berücksichtigung des dispositiven Faktors in seinen verschiedenen Teilbereichen und in seiner Bedeutung für die betriebliche Wertschöpfung bedingt eine angemessene Beteiligung aller Beschäftigten am unternehmerischen Erfolg.

Von besonderer Bedeutung ist in diesem Zusammenhang, dass das Kapital kein Produktivfaktor ist. In der Bilanz wird auf der Aktivseite die Mittelverwendung, das Vermögen, dargestellt. Hier sind die Produktivfaktoren erfasst, soweit sie zu Ausgaben und entsprechenden Beständen geführt haben. Auf der Passivseite wird die Mittelherkunft, das Kapital, gegenübergestellt.

Mit dem Begriff des Kapitals werden wir uns noch näher befassen müssen.

8   Die Gewinnbeteiligung der Mitarbeiter

Die Bestimmungen aus § 77 Akt. G zur Gewinnbeteiligung in
Verbindung mit den Ausführungen Gutenbergs zum Faktor
„menschliche Arbeitsleistung" bedingen und fordern eine angemessene Gewinnbeteiligung aller Mitarbeiter. Diese Gewinnbeteiligung sollte betriebswirtschaftlich als Postulat formuliert
und gesetzlich geregelt werden. Dem einzelnen Unternehmen
kommt dann die Ausgestaltung der Regelungen zu.

Die Gewinnbeteiligung der Mitarbeiter als unternehmerische
Komponente wird bereits von vielen Unternehmen erkannt und
praktiziert. Sie wird auch in zukunftsorientierten Konzepten
der politischen Parteien berücksichtigt. Der erreichte Zustand
wird den grundsätzlichen Gegebenheiten und der bestehenden
grundsätzlichen Bedeutung aber nicht gerecht. In Deutschland
wird die Gewinnbeteiligung nach Aussage einer überregiona-
len Zeitung in 18 % der Unternehmen verwirklicht. Das liegt im
europäischen Vergleich unter dem Durchschnitt. Benachbarte
Länder liegen hier schon wesentlich höher.

Wie könnte eine solche Gewinnbeteiligung aussehen?

Nach § 126 Akt. G entscheidet die Hauptversammlung über
die Verteilung des Jahresgewinns, den wir oben als „Zwischengewinn" definiert haben. In dem hierfür notwendigen Vorschlag
des Vorstandes könnten die Personalkosten eines Unternehmens
als Bemessungsbasis dienen. Bei einer Umsatzrendite von z. B.
5 % wären das 5 % der Personalkosten. Ein entsprechender Anteil vom Gewinn käme hinzu. Hierbei wären auch die Einkom-
mensbestandteile der Führungskräfte einschließlich der Geschäftsführer und Vorstände enthalten. Wird ein einheitlicher
Prozentsatz vom jeweiligen Einkommen als Gewinnbeteiligung
errechnet, wären alle Mitarbeiter entsprechend beteiligt. Was
spricht dagegen?

9 Der Gewinnverteilungsbeschluss der Aktiengesellschaft

Der jährliche Gewinnverteilungsvorschlag des Vorstandes über den Aufsichtsrat an die Hauptversammlung umfasst dann die Anteile für

~ 19 ~ externe Aktionäre – Belegschaft – Unternehmen

Als Bezugsbasis stehen die Kosten für Betriebsmittel, die Personalkosten und die Kosten des Werkstoffeinsatzes einschließlich der Dienstleistungen zur Verfügung. Als einfache Lösung könnte auch eine Dreiteilung infrage kommen. Sie wäre kein unfairer Ansatz.

Der Anteil des Gewinns, der im Unternehmen zurückbehalten wird, umfasst die Gewinnanteile des Unternehmens und der Belegschaft sowie die Zuführungen zu den gesetzlichen und freiwilligen Rücklagen. Sie können damit zur Finanzierung des produktiven Geschehens eingesetzt werden. Er wird mit dem Beschluss über die Gewinnverteilung zum Internen Kapital.

Das Grundkapital ist das Eigenkapital der Aktionäre, es ist gewinnberechtigt und steht zur Haftung zur Verfügung. Es ist und bleibt Externes Kapital. Es zählt nicht zum Eigenkapital des Unternehmens.

Der Gewinnanteil der Belegschaft ist dem Internen Kapital zuzuordnen, stellt ein Gegengewicht zum Externen Kapital, dem Aktienkapital und dem Fremdkapital, dar. Entsprechend ist es als Internes Kapital mit gleichen Rechten auszustatten wie das Aktienkapital, denn es steht ebenfalls zur Finanzierung des Kapitalbedarfs zur Verfügung. Soweit es der Risikovorsorge für zukünftige Pensionszusagen dient, könnte es als „insolvenzgesichertes Wertkonto" eingestuft werden, das nicht für Haftungszwecke zur Verfügung steht.

Bezüglich der Gewinnthesaurierung schreibt das Aktiengesetz eine gesetzliche Rücklage vor, der mindestens 5 % des jährlichen Reingewinns zuzuführen sind, bis 10 % des Grundkapitals

erreicht sind. (§ 130 Akt. G.) Gegen die Größenordnung von 5 %
ist nichts einzuwenden. Die Mindestgrenze von 10 % des Grundkapitals ist keine Obergrenze. Darüberhinausgehende Zuführungen sind als freie Rücklagen jederzeit möglich.

Da hier die Besteuerung des Jahresgewinns als ungeeignet
abgelehnt wird, fehlt auch eine entsprechende Berücksichtigung
der Gewinnsteuer beim Gewinnverteilungsvorschlag.

Ein Sonderfall tritt dann auf, wenn ein Unternehmensteil
mit Gewinn verkauft wird. Hier könnte ein endgültig realisierter
Gewinn gesehen werden. Ist das der Fall, liegt kein Zwischengewinn, sondern ein realisierter Gewinn vor.

Eine Gewinnbesteuerung von realisierten Gewinnen aus Ge-
schäften, die nicht dem Betriebszweck zuzuordnen sind oder
diesen einschränken, kommt unverändert in Betracht.

Wenn aber der Jahresgewinn aus mehreren Gründen für die
Besteuerung als Bemessungsgrundlage ausfällt, was kommt
dann als Besteuerungsgrundlage infrage?

Diese Fragestellung ist von zentraler Bedeutung. Sie wird an
späterer Stelle erörtert. Zunächst aber zu einem anderen zen-
tralen Thema.

IV. Die Nachhaltigkeit als systemrelevanter Bereich

Das Bemühen um die Nachhaltigkeit ist zum existenziellen
Problem geworden. Es ist gleichzeitig auf allen relevanten Ebenen zum Betätigungsfeld aufgestiegen. Die Nachhaltigkeit ist
angekommen. Deutschland hat in diesen Tagen verkündet, dass
im Jahr 2020 die gesteckten Klimaziele erreicht wurden. Dabei
wird ein Drittel der Einsparungen der Corona-Krise und deren
Auswirkungen zugeschrieben. Zu erwähnen ist der verminderte
Auto- und Flugverkehr. Man befürchtet, dass diese Effekte wieder verloren gehen. Das muss nicht so sein. Die Krise, als „permanente Krise" verstanden, die viele Problemkreise einschließt,
wird uns dauerhaft begleiten. Ein „Nach der Krise" wird es vor-

erst nicht geben. Was für die Corona-Krise festgestellt wurde, wiederholt sich auf dem Gebiet des Klimawandels.

Die erneuerbaren Energien haben erhebliche Bedeutung erlangt, bedürfen aber der weiteren finanziellen Unterstützung. Der Atomausstieg hat zu finanziellen Ausgleichsvereinbarungen in Milliarden EURO geführt. Wie wäre es mit einer „Zweckbindung" dieser Gelder? Sie können zum Ausgleich von zuordenbaren Verlusten eingesetzt werden. Jedenfalls können solche Zahlungen nicht als Gewinn ausgewiesen werden. Die Stromnetze vom Norden in den Süden des Landes für die Windenergie und die wirtschaftliche Speicherung der Solarenergie sind wichtige Aufgabenfelder.

Die Forcierung nachhaltiger Energien ist als Aufgabengebiet an der Basis und in den Unternehmen angekommen. Die E-Mobilität wird zur Realität. Der Ausbau des Zapfstellennetzes für Strom, die Planung von Batteriefabriken und die Investition in eine Fertigung von E-Mobilen durch Tesla in Brandenburg sind nur einige markante Beispiele.

Nachhaltigkeit ist mehr als E-Mobilität. Die Entwicklung neuer Antriebstechniken wie z. B. die „Wasserstoff-Technik" stehen an.

Alte Strukturen müssen überwunden werden. Es bedarf der Reform der Energiecharta (ECT), die Investitionen, die über einen Zeitraum von 25 Jahren bestehen, schützt.

Wir brauchen jetzt konkrete Maßnahmen, die zur Klimaneutralität führen. Da hilft der Ansatz der „Grünen", der Klimaschutzverträge vorsieht. Auch die Ansätze für eine Lithium-Fertigung in Deutschland sind zu begrüßen.

Der gesamte Umweltbereich darf nicht übersehen werden. Nicht recycelbare Kunststoffe sollten nicht eingesetzt werden. Reisen mit Kreuzschiffen, die mit Schwerölantrieben ausgestattet sind, sollten zumindest eingeschränkt werden. Der Auto- und Flugverkehr für Personen könnte auch in Zukunft auf niedrigerem Niveau verharren.

Auch das Gesundheitswesen ist dem Nachhaltigkeitssektor zuzuordnen. Gesundheit ist unser höchstes Gut. Sie ist in unserer besonderen Obhut. Jede Hilfe und jede Unterstützung sind willkommen.

So ist auch positiv zu erwähnen, dass der Finanzsektor das Gebiet der Nachhaltigkeit als Geschäftsfeld erkannt hat. Die Finanzierung von Aktivitäten mit Nachhaltigkeit hat eine Vorrangstellung eingenommen und ist eine willkommene Unterstützung geworden. An der Finanzierung darf es nicht fehlen.

Weitere Grundsatzarbeit ist notwendig. Die Aufgabenstellung der Unternehmen und deren Berichterstattung bedürfen der Gestaltung durch gesetzliche Richtlinien.

Der Autor ist kein Experte auf diesem Gebiet, deshalb enthält er sich auch jeder weiteren zukunftsbezogenen Empfehlung. Er erkennt aber, dass auf diesem weiten Feld noch viel zu tun ist und schnelles Handeln nötig ist. Vieles ist in Bewegung. Jeder ist aufgefordert, zu helfen und zu unterstützen, auch wenn es nur persönliche Enthaltung ist. Weniger kann auch mehr sein.

Wir brauchen kurz- und mittelfristige Zielsetzungen. Wir brauchen schnelle Entscheidungen und auch Verbote. Wir brauchen ein Sachprogramm für die nächste Wahlperiode. Wir müssen schneller handeln. Die Initiative muss verstärkt von der Basis und den Unternehmen ausgehen. Jeder einzelne Bürger ist aufgefordert, nachhaltig zu leben.

In letzter Zeit sind auf internationaler Ebene Kontakte eingeleitet worden. Es hat ein Gespräch zwischen China, Frankreich und Deutschland stattgefunden. Die USA hat zu einem virtuellen Gipfel mit 40 Staaten eingeladen. China hat nach einigem Zögern ebenfalls teilgenommen. Es ist ein Vorankommen insofern zu erkennen, als dass verbesserte Ziele bis 2030 abgestimmt wurden. Die Staaten, die am Gipfel teilgenommen haben, haben erkannt, dass der Klimawandel als gemeinsames Problem verbindet. Ein gemeinsames, abgestimmtes Handeln ist nötig. Das gilt im Hinblick auf die Tatsache, dass der CO_2-Ausstoss aufgrund des Bevölkerungszuwachses und des Wirtschaftswachstums in den nächsten Jahren noch weiter ansteigen wird. Wir sind noch lange nicht am Ziel. Es muss noch mehr getan werden. Hoffentlich verlieren wir nicht den Wettlauf mit der Zeit. Fest steht, dass erfolgreiche Klimapolitik nur mit China erreicht werden kann. China hat den größten CO_2-Ausstoß der Welt (23,9 %) und produziert 60 % seines Strombedarfs noch mit Kohle. Es wird weiterhin in neue Kohlekraftwerke investiert. Der CO_2-Ausstoss der Welt steigt über Jahre weiter an. Selbst bei den in letzter Zeit beschlossenen neuen Klimazielen steuern wir auf eine Erderwärmung von 3,7 % im Jahr 2030 hin. Vom Ziel von 1,5 % sind wir dann noch meilenweit entfernt.

Man hat erkannt, dass man die Probleme nur gemeinsam lösen kann. Viele Staaten haben höhere Einsparziele für 2030 festgelegt. China hat nicht mitgezogen. Es liegt lediglich die Erklärung vor, dass der Zeitpunkt der Umkehr vom steigenden CO_2-Ausstoß zu sinkenden Werten früher eintreten soll.

Der virtuelle Klimagipfel der Bundeskanzlerin, der „Petersberger Gipfel", hat für Europa neue Ziele formuliert. Sie bauen auf dem neuen Klimaschutzgesetz, das eilig vom Bundeskabinett auf den Weg gebracht und von Bundestag und Bundesrat verabschiedet wurde, auf.

Bemerkenswert ist auch die Entscheidung des Bundesverfassungsgerichts vom 29. April 2021. Sie verpflichtet den Gesetzgeber, bis Ende 2022 die Reduktionsziele für Treibhausgasemissionen neu zu bestimmen und darüber hinaus auch für die Zeit nach 2030 näher zu regeln.

Von besonderer Tragweite ist der Beschluss, dass das Klimaschutzgesetz mit dem Grundgesetz teilweise nicht vereinbar ist. Der Bundesgerichtshof leitet sein Urteil von dem Grundsatz der Generationen-Gerechtigkeit ab. Er bezieht sich auf Art. 20 a des Grundgesetzes. Er lautet:

„Der Staat schützt auch in Verantwortung für die künftigen Generationen die natürlichen Lebensgrundlagen und die Tiere im Rahmen der verfassungsmäßigen Ordnung durch die Gesetzgebung und nach Maßgabe von Gesetz und Recht durch die vollziehende Gewalt und die Rechtsprechung".

Diese Regelung ist seit 1. August 2002 in Kraft. Da stellt sich die berechtigte Frage, warum in 20 Jahren so wenig unternommen wurde. Wir leben in vielen Bereichen über unsere Verhältnisse und engen den Freiheitsspielraum unserer Nachkommen zunehmend ein.

In letzter Zeit tritt ein Konfliktgebiet verstärkt in den Vordergrund. Das Fortschreiten des Schmelzens der Eisberge in der Arktis legt neue Handelsrouten frei. Wirtschaftliche Interessen kommen auf. Sicherheitsfragen werden akut. Seit 1996 besteht der „Arktische Rat", dem acht Länder angehören. Das sind neben den USA und Russland die europäischen Staaten Island, Norwegen, Schweden, Finnland und Dänemark sowie Kanada.

In diesen Tagen (Ende Mai 2021) tagt der Rat in Reykjavik (Island). Ausgerechnet Russland wird für zwei Jahre den Vorsitz übernehmen. Es geht um die beiden Handelsrouten, die Nordostpassage und die Nordwestpassage, und um eine Eisenbahntrasse. Der Aufbau von Militärstationen durch Russland kommt hinzu, wobei die USA für eine militärfreie Zone plädiert. Rohstoffinteressen (Uran und seltene Erden) runden das Konfliktgebiet ab. Auch China als Nichtanrainerland ist interessiert. Eine „polare Seidenstraße" könnte entstehen, die um die Hälfte kürzer wäre als die Route durch den Suezkanal.

Das sind Ansätze, die alle dem Klimawandel nicht entgegenkommen. Es gibt in Zukunft viel zu tun. Wir haben es mit einem weltumspannenden Thema zu tun, das uns dauerhaft begleiten wird. Die „Nachhaltigkeit" ist zum nachhaltigen Problem geworden. Wir brauchen eine weitere Runde, die uns schneller zur Klima-Neutralität führt. Das ist das Thema Nr. 1 der letzten 100 Tage des Wahlkampfes.

V. Die Neugestaltung der „sozialen Komponente"

1 Die Aufgabenstellung

Die elementaren Fragen und Probleme unserer Welt sind allgegenwärtig. Sie betreffen den politischen, den kulturellen, den religiösen, den wirtschaftlichen und den sozialen Bereich gleichermaßen. Es ist uns bewusst, dass wir uns in einer großen, umfassenden Umbruchphase mit atemberaubender Geschwindigkeit befinden.

Es wäre sicher verkehrt, mit übertriebener Hektik zu reagieren; die Ruhe und Gelassenheit des Einzelnen und die fehlende Bereitschaft unserer politischen Führung zu grundsätzlichen Veränderungen sind aber beängstigend. Fest steht auch, dass nur kleine Schritte keine Lösung darstellen. Wir müssen die Probleme unserer Zeit schon grundsätzlich und zügig anpacken und einer Lösung zuführen. Dabei dürfen Ansätze, die das System in wesentlichen Punkten verändern, nicht ausgeschlossen werden.

Im Folgenden werden wirtschaftliche und soziale Fragen angesprochen und Problemlösungen dafür aufgezeigt. Dabei werden interdisziplinäre Tatbestände nur dann aufgegriffen, wenn sie Rahmenbedingungen für die erörterten wirtschaftlichen Ansätze darstellen.

Wenn wir die Entwicklung der zweiten Hälfte des vergangenen Jahrhunderts und die ersten Jahre des beginnenden Jahrtausends betrachten und analysieren, entsteht der Eindruck, dass wir die ursprünglich guten Ansätze mehr und mehr aus den Augen verlieren und uns in vielen Bereichen in die falsche Richtung bewegen.

Viele Schwächen und Fehlentwicklungen sind erkannt und werden diskutiert. Allein die Handlungsbereitschaft lässt viele Wünsche offen. Es drängt sich der Eindruck auf, dass zu viele Gruppen bestrebt sind, ihre Macht zu erhalten. Das Ergebnis ist, dass sich die Bestrebungen eliminieren und Stillstand die Folge ist. Machtpolitik und Wahlpolitik verdrängen die Sachpolitik.

Die neue Koalition und auch das heranwachsende Europa sind außerordentliche Chancen. Werden sie nicht genutzt, wird das fatale Folgen haben.

Also nutzen wir diese Chancen. Die folgenden Ausführungen geben einige Ansätze und Anregungen im wirtschaftlichen Bereich.

Sie sollen als Ansätze und Anregungen verstanden werden, die unsere aus den Fugen geratene „Soziale Marktwirtschaft" wieder auf Linie bringen. Ansätze hierfür sind bereits reichlich vorhanden, so zum Beispiel die umfassenden Bemühungen der Arbeitgeberverbände, die sogenannte „Neue Soziale Marktwirtschaft" auf den Weg zu bringen.

Wir brauchen aber keine neue soziale Marktwirtschaft. Wir müssen vielmehr unsere bewährte Marktwirtschaft an die Gegebenheiten der Neuzeit anpassen, zu den alten Tugenden zurückführen und zukunftsfähig gestalten. Dabei kann auf zahlreiche vorhandene Ansätze zurückgegriffen werden. Das zeigen die nachfolgenden Ausführungen.

2   Was ist sozial?

Wirtschaftsminister Ludwig Erhard wollte Wohlstand für alle. Unter Marktwirtschaft verstand er einen Ordnungsrahmen, der den Wettbewerb und die freien Kräfte von Angebot und Nachfrage zur Entfaltung bringt.

Das beigefügte Adjektiv „sozial" ist in seinem Inhalt wie folgt definiert. Sozial bedeutet „im Sinne der Gemeinschaft", „menschenfreundlich", „die Mitmenschen einbeziehend".

Heute wissen wir, dass mit sozial im Zeitablauf völlig unterschiedliche Inhalte verbunden wurden. Erhard nannte in der Nachkriegszeit drei Themen: Wohnungsbau, Wiederherstellung der Stromversorgung und Eingliederung der Millionen von Flüchtlingen in den Arbeitsmarkt. In der Regierungszeit von Adenauer standen die Rentengesetzgebung und die Mitbestimmung zusätzlich im Vordergrund. Heute sind unter anderem die Bildungspolitik, das Gesundheitswesen und die Arbeitslosigkeit zentrale Themen.

Das sind alles Themen, die dem sozialen Bereich zugeordnet sind. Wenn aber unser marktwirtschaftliches System derzeit das Thema der „sozialen Komponente" mehr und mehr aus den Augen verliert und nicht in den Griff bekommt, drängt sich die

Frage auf: Ist unsere Marktwirtschaft noch „sozial"? Diese Frage kann nur durch Ursachenforschung ergründet werden.

So viel kann gesagt werden: Die fehlende soziale Komponente in den die Marktwirtschaft tragenden Unternehmen kann durch den Wohlfahrtsstaat nicht ersetzt werden. Der Wohlfahrtsstaat stört die Dynamik, die dem freien Spiel der Kräfte von Angebot und Nachfrage in der Marktwirtschaft innewohnt.

Die soziale Marktwirtschaft hat sich nie als eine geschlossene Einheit dargestellt, trotzdem war sie in der Nachkriegszeit äußerst erfolgreich. Ralf Dahrendorf spricht in diesem Zusammenhang von einer Legierung. Diese Legierung gilt es in ihrer Zusammensetzung neu zu bestimmen. Es kann nicht angehen, dass die Sozialpolitik die Dynamik der Marktwirtschaft zerstört. Es darf auch keine wirtschaftliche Konzeption geben, die die notwendigen sozialen Leistungen bedroht.

Dahrendorf formuliert die Aufgabenstellung einer zukünftigen Sozialen Marktwirtschaft als ein hohes Maß an individueller Wahl- und Entscheidungsfreiheit, verbunden mit einer angemessenen Selbstbeteiligung des einzelnen Bürgers und einer langfristig garantierbaren Grundausstattung für alle Bürger. Das erreichen wir nur mit einem mündigen Bürger mit seiner Leistungsfähigkeit und Leistungsbereitschaft. Für die Selbstbeteiligung sind die entsprechenden Voraussetzungen zu schaffen.

Wir müssen aufwachen und die Entwicklungen und Maßnahmen auf den richtigen Weg führen. Zurzeit verstärkt sich der Eindruck, dass wir uns in einer Sackgasse befinden und uns immer tiefer hinein bewegen.

3   Die neue Struktur der sozialen Sicherung

Die aufgezeigte zentrale Bedeutung und die Stellung der menschlichen Arbeitsleistung im produktiven Prozess erfordern eine völlig neue Positionierung eines jeden Mitarbeiters im Unternehmen. Das Unternehmen ist eine soziale Veranstaltung, bei der der Mensch im Mittelpunkt des Geschehens steht. Daran wird sich auch in Zukunft nichts ändern.

Die Tatsache, dass der dispositive, unternehmerische Faktor entscheidend den unternehmerischen Erfolg bestimmt, hat zu der Feststellung geführt, dass alle Mitarbeiter am Erfolg des Unternehmens angemessen zu beteiligen sind. Weiterhin wurde die Besteuerung des Jahresgewinns abgelehnt. Beide Positionen bestimmen die Gewinnbeteiligung der Mitarbeiter in ihrem Ausmaß nachhaltig. Die sich daraus anbietende Verwendung des Gewinnanspruchs als dritte Stufe der sozialen Sicherung ist eine sinnvolle Lösung. Im Rahmen der Gesamtverantwortung des einzelnen Bürgers kommt zur gesetzlichen Altersversorgung des Staates die betriebliche Altersversorgung auf gesetzlicher Basis hinzu. Das führt zu einer neuen Dreiteilung:

~ 20 ~ Gesetzliche Altersversorgung des Staates – Gesetzliche Altersversorgung des Unternehmens – Private Altersversorgung des Bürgers

(1) Die gesetzliche Altersversorgung des Staates

Für die Altersversorgung trägt der einzelne Bürger grundsätzlich die volle Eigenverantwortung. Auf der Basis dieser Gesamtverantwortung ist die vom Staat eingeführte gesetzliche Altersversorgung, die vom Mitarbeiter und vom Unternehmen je zur Hälfte mit Beiträgen bedient wird, zu sehen. Dabei wird der Anteil des Mitarbeiters vom Lohneinkommen getragen. Der Anteil des Unternehmens gilt als zusätzlicher, über das Lohneinkommen hinausgehender Personalaufwand. Der erste Vorschlag für eine neue Struktur lautet:

» Keine Unterscheidung zwischen Arbeitnehmer- und Arbeitgeberanteil.
» Beitrag für alle Mitarbeiter gleich als Personalaufwand.
» Ausrichtung der gesetzlichen Altersversorgung des Staates auf die Grundversorgung eines jeden Bürgers.

Aufgrund dieser Regelung trägt der Mitarbeiter den Beitrag für seine Grundversorgung selbst.

Die gesetzliche Altersversorgung ist in den letzten Jahren aus den verschiedensten Gründen zunehmend in Schwierigkeiten geraten. Die Begrenzung auf die Grundsicherung für alle ist daher geboten.

Ein weiterer Vorschlag umfasst folgende Schritte:

» Einbeziehung aller Beschäftigten einschließlich der Vorstände und Geschäftsführer sowie aller Selbständigen.
» Auch die Einbeziehung der Beamten des Staates ist eine Überlegung wert.
» Die Einbeziehung der Renteneinkommen in die Beitragszahlungen (aufgrund der ständig steigenden Lebenserwartung der Menschen) könnte ein weiterer Schritt sein.

(2) Die Altersversorgung des Unternehmens auf gesetzlicher Basis

Das Unternehmen ist nur dann eine „soziale Veranstaltung", wenn es seine soziale Verpflichtung gegen über allen Mitarbeitern erfüllt. Diese Aufgabe könnte aus der Nichtbesteuerung des Gewinns und der daraus abgeleiteten Gewinnbeteiligung aller Mitarbeiter finanziert werden. Sie sollte einkommensorientiert sein und auf Kapitaldeckung aufgebaut werden. Eine entsprechende Rückstellung für Pensionen würde zur internen Finanzierung wesentlich beitragen. Bei Klein- und Mittelbetrieben könnte eine Zwischenschaltung einer Versicherung sinnvoll sein. Das im Unternehmen verfügbare Kapital wäre als Internes Kapital dem „Humankapital" zuzuordnen und stünde zur Finanzierung bereit.

Beim Ausscheiden des Mitarbeiters sollte ein Mitnahmerecht bestehen. Verbleibende Ansprüche sind ins Externe Kapital zu übertragen.

(3) Die private Altersvorsorge

Die Verantwortung des mündigen Bürgers schließt die private
Vorsorge ein. Dafür gibt es ein nahezu unbegrenztes Angebot.
Hier kann sich jeder Bürger nach eigenen Vorstellungen und
Möglichkeiten bewegen.

(4) Die neue Struktur der Altersvorsorge

Die Altersversorgung ist so auf drei Säulen aufgebaut:

» Staatliche Grundversorgung,
» Betriebliche Altersversorgung aus Gewinnbeteiligung (ein-
  kommensorientiert),
» Private Vorsorge.

Die Altersvorsorge baut für alle arbeitsfähigen Bürger auf einer staatlichen Grundversorgung auf. Eine höhere Vorsorge ist
ausschließlich Aufgabe des Bürgers und der Unternehmen. So-
zialfürsorge für Kranke und Behinderte ist Sache des Staates.

(5) Das Recht und die Pflicht zu arbeiten

Der Staat ist überfordert, wenn er im Streben nach Sicherheit
seiner Bürger in Zukunft für die Altersversorgung und die finanzielle Absicherung von Arbeitslosigkeit und Arbeitsunfähigkeit im derzeitigen Umfang sorgen soll. Dieses Volumen ist
über Steuern und Abgaben auf Dauer nicht mehr zu finanzieren. Aus diesem Grund wurden die oben dargestellten Ansätze
zur Altersversorgung entwickelt.

Das Wirtschaftlichkeitsprinzip fordert vom Unternehmen,
dass es nur in dem Maß Mitarbeiter beschäftigen kann, wie
es Beschäftigung hat. Das Unternehmen hat aber eine soziale
Verpflichtung gegenüber seinen Mitarbeitern, die über die Beschäftigungszeit hinausreichen sollte. Hier könnte eine Über-

brückungsleistung des Unternehmens für sechs Monate den Staat entlasten. Diese Leistung könnte aus den Rücklagen finanziert werden.

Der entlassene Mitarbeiter kann sich in der Überbrückungszeit um eine neue Arbeitsstelle bemühen. Die einschlägigen Behörden des Staates können sich während dieser Zeit um einen adäquaten späteren Einsatz kümmern. Jeder Arbeitslose, der seinen Arbeitsplatz in der freien Wirtschaft verliert, erhält nach der Übergangszeit eine Teilzeit-Beschäftigung angeboten, die er erfüllen muss. Wer Geld vom Staat erhält, muss als arbeitsfähiger Bürger hierfür eine Leistung erbringen.

Die vorgeschlagene Beschäftigung sollte von der einzelnen Kommune, in der der Beschäftigte wohnt, betreut und in schwierigen Fällen nach oben weitervermittelt werden.

Die oben aufgezeigten Ansätze sind mit einer wesentlichen Entlastung des Staates hinsichtlich der derzeitigen Rundumversorgung des Bürgers verbunden. Sie schaffen Freiraum für den Staat. Die Leistungen des Staates entfallen für diesen Zeitraum oder werden durch Arbeitsleistungen gemindert.

Der Staat als Arbeitgeber ist nichts Neues. Er tritt in dem vorgeschlagenen Vorgehen erst nach sechs Monaten ein und hat damit eine gewisse Zeit zur Vorbereitung. Die menschliche Arbeitskraft erhält ihren volkswirtschaftlichen Wert. Allein aus diesem Grund sollte auf die Leistung eines jeden einzelnen Bürgers nicht verzichtet werden. Selbstverständlich ist der Wert der einzelnen Leistung nicht gleich. Ein Unterschied besteht auch hinsichtlich der Vermittelbarkeit.

Der Staat und die Kommunen betätigen sich bereits in vielfältiger Weise im produktiven Prozess der Wertschöpfung. In gleicher Weise könnten auch die Beschäftigungsunternehmen organisiert werden. Es stehen ja nicht nur Arbeiter zur Verfügung, sondern auch Führungskräfte der verschiedenen Hierarchieebenen. Beratungsunternehmen der verschiedensten Art könnten Hilfestellung beim Aufbau leisten. Diese Betriebe könnten als selbstständige Unternehmen geführt werden und Einnahmen für ihre Leistungen erhalten. Bei einer entsprechenden Bewährung können diese Unternehmen jederzeit in die freie Wirtschaft überführt werden.

Vorschläge für Einsatzmöglichkeiten gibt es genügend. Die oft in diesem Zusammenhang genannte Pflege von Park- und Gartenanlagen könnte durch zahlreiche andere Tätigkeiten wie Waldarbeiten (Wiederaufforstung), Straßenreinigung, Erntehilfen, Hilfs- und Aufsichtsfunktionen in öffentlichen Einrichtungen bis hin zu Schulen, Kitas, Krankenhäusern sowie bisher ehrenamtlich ausgeführten Betätigungen ergänzt werden.

Der Staat könnte sich auch verstärkt einschalten, wenn Unternehmen oder Betriebsteile ins Ausland verlagert oder im Inland geschlossen werden. Die Fälle, dass der Verkauf von Unternehmen ins Ausland den Abzug der Produktion folgen lässt, sind zahlreich.

Teilarbeitszeit mit entsprechender Zeit für Beschäftigungssuche und Umschulungen, Aus- und Weiterbildungen und die Vermittlung fehlender Sprachkenntnisse sind sinnvolle Begleitmaßnahmen und besser als Arbeitslosigkeit. Jedenfalls würde der sozialen Marktwirtschaft eine Beschäftigung der arbeitsfähigen Menschen in der Größenordnung von 5 bis 10 % besser bekommen als eine dauerhafte Arbeitslosenquote von 5 bis 10 %.

~ 21 ~ *Globalisierung, Wachstum und Gewinn*

Globalisierung, Wachstum und Gewinn sind keine absoluten Ziele des Wirtschaftens. Sie stehen vielmehr im Zusammenhang mit anderen Zielen und Aufgabenstellungen und bedürfen daher der Optimierung und des Ausgleichs.

Globalisierung ist Ausrichtung auf den weltweiten Markt; sie ist gleichzeitig mit zunehmendem internationalem Wettbewerb verbunden.

Sie ist keine neue Erscheinung unserer Zeit. Sie besteht seit längerer Zeit und hat sich in letzter Zeit lediglich beschleunigt. Sie kommt im wachsenden Anteil des Exports von Waren und Dienstleistungen zum Ausdruck.

Sie steht in Zusammenhang mit den modernen Systemen der Kommunikation und der Logistik sowie dem darauf aufbauenden hohen Niveau der Weltwirtschaft. Sie trägt zur Leistungssteigerung bei, ist aber kein wirtschaftliches Ziel an sich. Zunehmender internationaler Wettbewerb ist ein Tatbestand, eine Erscheinung, die in unserer Zeit neue Impulse erhält. Diese Impulse kommen im Besonderen von den Veränderungen innerhalb der herrschenden geopolitischen Systeme der Weltwirtschaft.

Die Technologie-Unternehmen der westlichen und der östlichen Wirtschaftsregionen erreichen im Zusammenwirken mit den großen Schattenbanken (Vermögensverwaltern) Machtkonzentrationen mit beherrschendem Einfluss. China hat inzwischen eingegriffen. Die Regierung hat die Börseneinführung von „Ant Financial" verhindert und der Muttergesellschaft „Alibaba" eine hohe Vertragsstrafe (2,3 Mrd. Euro) wegen Verstößen gegen das Wettbewerbsrecht auferlegt.

Singapur hat die Gründung weiterer Datenbanken wegen fehlender Stromversorgung verboten.

Die US-amerikanische Finanzministerin setzt lediglich bei der Besteuerung der Technologie-Unternehmen an und schlägt eine Mindeststeuer von 21 % vom Gewinn vor. Erste Zweifel hinsichtlich der Durchführbarkeit und der Wirkung dieser Maßnahme kommen bereits auf. Die Gewinnbesteuerung kommt in erster Linie den USA zugute. Wenn in anderen Ländern kaum Gewinne ausgewiesen werden, sind auch keine Gewinnsteuern zu zahlen. Unser Vorschlag lautet, wegen der unterschiedlichen Systeme der Gewinnermittlung und der Besteuerung nicht den Gewinn als Bemessungsgrundlage zu verwenden, sondern den Umsatz. Wer in einem Land Umsätze erzielt, nimmt die Infrastruktur in Anspruch und sollte dafür seinen Nutzungsbeitrag leisten.

Die neuerdings eingeleitete Gesetzesinitiative des Abgeordnetenhauses, die von beiden Parteien unterstützt wird, ist ein weiterer Ansatz. Er muss noch von beiden Kammern genehmigt werden.

Globalisierung muss die Autarkie und das Lieferketten-Risiko beachten. Wachstum auf der Basis von Inflation und Systemfehlern (z. B. kapitalisierte Zukunftsgewinne) ist kein reales Wachstum. Jahresgewinne sind für eine Besteuerung nicht geeignet.

VI. Zur „eigenen Rechtspersönlichkeit" der Unternehmung

Entsprechend der Einstufung des Menschen als in Freiheit lebende, vernunftorientierte Person mit moralischer und sittlicher Grundhaltung, als Persönlichkeit und als Subjekt folgt im Rechtswesen die Einordnung als „natürliche Person" mit „eigener Rechtspersönlichkeit". Folgerichtig ist die Kapitalgesellschaft, deren häufigste Ausgestaltung die Aktiengesellschaft ist, als „juristische Person" ebenfalls mit eigener Rechtspersönlichkeit ausgestattet. Daraus leitet sich ab, dass eine natürliche Person als eigene Rechtspersönlichkeit kein Eigentum an einer anderen natürlichen Person erwerben kann. Es folgt der Schluss, dass an einer Kapitalgesellschaft als juristische Person mit eigener Rechtspersönlichkeit nur die juristische Person selbst Eigentum erwerben kann. Diese Überlegungen gelten auch für die anderen Kapitalgesellschaften.

Ein Blick zurück in das Handelsgesetzbuch und das nachfolgende Aktiengesetz zeigt, dass der Gesetzgeber dieser Gedankenkette über 100 Jahre gefolgt ist. Das ist deutsches Gedankengut. Es ist folgerichtig und sollte auch in der Zukunft in Deutschland gelten. Werfen wir einen Blick zurück. Er lohnt sich.

Die Rechtsform der Aktiengesellschaft, die zunächst im dritten Abschnitt des zweiten Buches in den §§ 178 – 319 des Handelsgesetzbuches geregelt war, wurde im Aktiengesetz vom 30. Januar 1937 gesondert geregelt und später mehrfach überarbeitet. Wesentliche Änderungen erfolgten nach Kriegsende in Verbindung mit der Währungsreform und dem Betriebsverfassungsgesetz. Eine grundsätzliche Überarbeitung fand zum 6. September 1965 statt. Im Folgenden werden Gesetzestexte vom Stand 15. September 1955 den aktuellen Texten gegenübergestellt. Der Text lautet in § 1 Akt. Ges., 43. Auflage, 1955: „Die

Aktiengesellschaft ist eine Gesellschaft mit eigener Rechtspersönlichkeit, deren Gesellschafter mit Einlagen auf das in Aktien zerlegte Grundkapital beteiligt sind, ohne persönlich für die Verbindlichkeiten der Gesellschaft zu haften." Und in § 48 Akt. Ges: „Für die Verbindlichkeiten der Gesellschaft haftet den Gläubigern nur das Gesellschaftsvermögen".

Dieser Text findet sich inhaltlich im § 1, (1) u. (2) des derzeit gültigen Textes (48. Auflage, 2020) wieder: „Die Aktiengesellschaft ist eine Gesellschaft mit eigener Rechtspersönlichkeit. Für die Verbindlichkeiten der Gesellschaft haftet den Gläubigern nur das Gesellschaftsvermögen. Die Aktiengesellschaft hat ein in Aktien zerlegtes Grundkapital".

Entscheidend sind die eigene Rechtspersönlichkeit und der daraus abgeleitete Tatbestand, dass in Verbindung mit dem „Aktienkapital" der Begriff Eigenkapital nicht vorkommt. Ein zweiter wichtiger Ansatz besteht in der Begrenzung der Haftung auf das Gesellschaftsvermögen.

Hinzu kommt die Trennung von Kapital und Geschäftsführung. § 76 Akt. Ges. lautet: „Der Vorstand hat unter eigener Verantwortung die Gesellschaft zu leiten".

Hier ist ein wichtiger Ansatzpunkt für das neue Konzept zu sehen. Alle Unternehmen sollten die Möglichkeit haben:

» als eigene Rechtspersönlichkeit, als „Juristische Person" zu agieren,
» die Leitung der Gesellschaft eigenverantwortlich unabhängig vom Kapital zu besetzen und
» die Haftung zu begrenzen.

Diese Eigenschaften sind in Anbetracht der zunehmenden Globalisierung und Internationalisierung sowie der damit verbundenen, steigenden Unsicherheit und des zunehmenden Risikos zukunftsorientiert. Deswegen sind eine eigene Rechtspersönlichkeit und eine Haftungsbeschränkung für alle Unternehmen sinnvoll. Das betrifft Personengesellschaften und auch Einzelunternehmen. Eine entsprechende Unternehmensrechtsreform wäre angebracht. Insbesondere die kleinen und mittleren Unternehmen (der „Mittelstand") wären von der Haftung mit dem Privatvermögen befreit.

VII. Die Rechtsform der Aktiengesellschaft

Zurzeit gilt das Aktiengesetz in 48. Auflage von 2020.

„Die Aktiengesellschaft ist eine Gesellschaft mit eigener Rechtspersönlichkeit. Für die Verbindlichkeiten der Gesellschaft haftet den Gläubigern nur das Gesellschaftsvermögen.

Die Aktiengesellschaft hat ein in Aktien zerlegtes Grundkapital." (§ 1)

„Der Vorstand hat unter eigener Verantwortung die Gesellschaft zu leiten". (§ 76)

„Der Aufsichtsrat hat bei der Festsetzung der Gesamtbezüge des einzelnen Vorstandsmitglieds (Gehälter, Gewinnbeteiligungen, Aufwandsentschädigungen, Versicherungsentgelte, Provisionen, anreizorientierte Vergütungszusagen wie zum Beispiel Aktienbezugsrechte und Nebenleistungen jeder Art) dafür zu sorgen, dass diese in einem angemessenen Verhältnis zu den Aufgaben des Vorstandsmitglieds und zur Lage der Gesellschaft stehen und die übliche Vergütung nicht ohne besondere Gründe übersteigen. Variable Vergütungsbestandteile sollen daher eine mehrjährige Bemessungsgrundlage haben; für außerordentliche Entwicklungen soll der Aufsichtsrat eine Begrenzungsmöglichkeit vereinbaren. Satz 1 gilt sinngemäß für Ruhegehalt, Hinterbliebenenbezüge und Leistungen verwandter Art". (§ 87)

Wichtig ist, dass aus diesen Ausführungen für die Aktiengesellschaft

» eine Trennung von Eigentum und Haftungsverhältnis,
» eine Trennung von Eigentum und Geschäftsführung,
» eine Beteiligung der Vorstandsmitglieder am Gewinn

abgeleitet werden können.

Besonders zu beachten ist, dass

» die eigenverantwortliche Geschäftsführung des Vorstands
das Wohl des Betriebes und seiner Belegschaft zu beachten hat und
» die Gewinnbeteiligungen des Vorstands in einem angemessenen Verhältnis zu den Aufwendungen für die Belegschaft
stehen sollen.

In diesen Regelungen ist unschwer die soziale Komponente erkennbar.

Auf die aufgeführten grundsätzlichen Regelungen ist in den
folgenden Ausführungen noch näher einzugehen. Zunächst aber
sind noch einige weitere Quellenangaben von Interesse.

Die Buchführungspflicht und die Erstellung eines jährlichen
Abschlusses waren von Anfang an Vorschrift. Sie sind sinnvoll
und sollen hier grundsätzlich nicht infrage gestellt werden. Wie
eine solche Aufstellung des Vermögens und der Schulden sowie
eine jährliche Gewinnermittlung im Rahmen einer auf Dauer
ausgerichteten Tätigkeit eines Unternehmens zu beurteilen ist,
wurde schon angedeutet und wird uns weiterhin beschäftigen.

Das Aktiengesetz wurde in der Neufassung vom 06. September 1965 überarbeitet. Die Grundsätze ordnungsmäßiger Buchführung und Bilanzierung wurden in der gesamten späteren Zeit
konkretisiert, interpretiert und fortentwickelt. Die Grundsätze der Bilanz-Klarheit, -Wahrheit, -Vollständigkeit und -Konti-
nuität sind unbestritten. Die einzelnen Bewertungsrichtlinien
sind jedoch immer wieder verändert und den neueren Erkennt-
nissen angepasst worden.

Trotz aller Änderungen sind die oben aufgezeigten grundsätzlichen gesetzlichen Regelungen noch immer gültig.

Im Zeitablauf sind aber steuerliche Aspekte mehr und mehr
in die Überlegungen und Änderungen eingeflossen. Dem ursprünglichen Grundsatz der Maßgeblichkeit der Handelsbilanz für die Steuerbilanz folgte die Umkehrung in den Grundsatz der Maßgeblichkeit der Steuerbilanz für die Handelsbilanz.

Zunächst waren alle Maßnahmen, die in der Handelsbilanz erfolgten, auch für die Steuerbilanz relevant. Später mussten alle Maßnahmen, die in der Steuerbilanz erforderlich waren, auch in der Handelsbilanz erfasst werden. Auch hierin ist eine Fehlentwicklung zu sehen, zumindest dann, wenn aus wirtschaftlichen Überlegungen nur eine Steuerbilanz erstellt wird oder wenn sich steuerliche Erfordernisse über die kaufmännische Vorsicht hinwegsetzen. Nicht alle steuerlichen Vorschriften müssen zwingend für eine ordnungsmäßige Buchführung und Bilanzierung gelten. So müssen zum Beispiel steuerlich festgelegte Abschreibungssätze nicht in jedem Fall der Risikobemessung des Einzelfalles gerecht werden.

Die Unternehmensrechnung muss den Regeln des wirtschaftlichen Handelns folgen und darf nicht der Steuerrechnung untergeordnet werden.

Die Risikobeurteilung sollte in jedem Falle in die Zuständigkeit und damit in die Verantwortung des Kaufmanns fallen. Außenstehende Institutionen können bestenfalls Verfahrensregeln vorgeben, aber nie die Begrenzung der Risikoeinschätzung beeinflussen. Dies steht auch dem Staat nicht zu.

In diesem Sinne sind die Bewertungsregelungen – das Realisationsprinzip, das Niederstwertprinzip, das Imparitätsprinzip und auch der Grundsatz der Verlustantizipation – Verfahrensregelungen, die in die Zuständigkeit des verantwortlichen Kaufmanns gehören. Die Maßgeblichkeit der Handelsbilanz sollte unantastbar sein.

Die neueren Entwicklungen bis hin zu US GAAP und IFRS 3 sind äußerst vielschichtig und kompliziert. Sie hier im Detail darzustellen, würde den Rahmen dieser Ausführungen sprengen. Dies ist auch nicht notwendig. Nur so viel sei hier gesagt: Diese Richtlinien sind mit zusätzlichem Aufwand verbunden und erreichen zudem nicht immer die Erwartungen. Sie entsprechen nicht den Grundsätzen der Rechnungslegung, die in Kontinentaleuropa seit über 100 Jahren gelten.

Die hier aufgezeigten grundsätzlichen Überlegungen werden durch diese neueren Entwicklungen nicht infrage gestellt. Im

Gegenteil, die neuen Regelungen passen nicht in den Rahmen der in Kontinentaleuropa praktizierten Rechnungslegungsvorschriften. Wir werden den vorgesehenen Weg weiterverfolgen, um nach einfachen Lösungen zu suchen.

In jedem Fall werden Quartalsbilanzen mit entsprechendem Prüfungsvermerk, die neuerdings diskutiert werden, dem langfristig angelegten unternehmerischen Handeln nicht gerecht. Sie dienen nur den kurzfristig ausgerichteten Handlungen der externen Kapitalgeber. Hierfür sollten allgemeine Berichte und Informationen ausreichen.

VIII. Das Kapital und seine Erscheinungsformen

1 Eigen- und Fremdkapital

Nach HGB, § 242, (65. Auflage, 2020) ist – wie bereits aufgezeigt – jeder Kaufmann verpflichtet, Bücher zu führen und das Verhältnis von Vermögen und Schulden in einem Jahresabschluss darzustellen. Schulden bilden in ihrer Gesamtheit das Fremdkapital. In der Jahresbilanz werden das Vermögen, die Mittelverwendung, und das Kapital, die Mittelherkunft, gegenübergestellt. In der Bilanz wird zwischen Aktivseite und Passivseite unterschieden.

Bezüglich der Rechtsform der Unternehmen wird zwischen Einzelunternehmung, Personengesellschaften und juristischen Personen unterschieden.

In der Einzelunternehmung sind Eigentum, Geschäftsführung und Haftung zusammengefasst. Der Eigentümer (Kapitalgeber) ist in der Regel Geschäftsführer und haftet mit seinem gesamten Vermögen. Hier hat der Begriff Eigenkapital aus der Sicht des Unternehmens seine Berechtigung.

Für Personengesellschaften gilt dies mit Einschränkungen. Einer gesonderten Betrachtung bedürfen hier die Anteile der Kommanditisten und der stillen Gesellschafter und ähnlich gelagerter Fälle.

Bei juristischen Personen – Aktiengesellschaften und Gesellschaften mit beschränkter Haftung – sind Eigentum, Geschäftsführung und Haftung gesondert geregelt und voneinander getrennt.

Die rechtliche Gestaltung als „eigene Rechtspersönlichkeit" und die Haftungsbeschränkung auf die Kapitaleinlage sollte für alle Unternehmen gelten. Bezüglich der Trennung von Kapitaleinlage und Geschäftsführung sowie der übrigen Organe (Aufsichtsrat und Hauptversammlung) sollten wie bisher für Klein- und Mittelbetriebe vereinfachte Regeln gelten.

Da oben vorgeschlagen wurde, alle Unternehmen als juristische Personen mit eigener Rechtspersönlichkeit auszugestalten, werden im Folgenden die Ausführungen primär auf juristische Personen bezogen.

Wenn der Aktionär nur mit seinem Kapitalanteil haftet, wie ist dann der Alleinanspruch des Shareholder-Value-Prinzips zu sehen? Wieso wird der Gewinn nur dem Aktionär und seinem Kapital zugeordnet?

Und wo ist da der entscheidende Unterschied zum Kreditgeber? Dieser steht ebenso mit seinem eingebrachten Kredit im Risiko. Wenn das Unternehmen illiquid wird und Konkurs anmeldet, ist das Fremdkapital ebenso gefährdet wie das Eigenkapital des Aktionärs.

Die verbleibenden Unterschiede bestehen in eventuellen Sicherheiten, die dem Schuldner gewährt wurden, in der Reihenfolge der Berücksichtigung bei der Bedienung der Ansprüche und in der unterschiedlichen Verzinsung des bereitgestellten Kapitals.

Die Trennung von Eigentum, Geschäftsführung und Haftung und insbesondere die Einschränkung der Haftung, die bei den juristischen Personen besteht, stellen die Unterteilung in Eigen- und Fremdkapital in einen völlig veränderten Zusammenhang und in eine veränderte Betrachtungsweise.

Die vielfältigen Erscheinungsformen von Eigen- und Fremdkapital verwischen die Unterscheidung zusätzlich. Der Begriff „Eigenkapital" erhält einen völlig anderen Inhalt.

Bezieht man die modernen Organisationsformen mit in Betracht, die über das Depotstimmrecht bis hin zu den Equity-Fonds und Hedgefonds die Eigentumsrechte wahrnehmen und die entsprechenden Rechte in den Unternehmen ausüben, kann man nur zu dem Ergebnis gelangen, dass das Eigentumsrecht als elementares Grundrecht des Menschen, das „verpflichtet", zunehmend abgetreten und übertragen wird und damit aufgeweicht und ausgehöhlt wird. Der „mündige" Bürger wird zum „unmündigen" Menschen, der zunehmend seine eigenen Grundrechte an Organisationen verliert bzw. abgibt.

Im Grundgesetz, Art.14, steht: „Das Eigentum und das Erbrecht werden gewährleistet. Inhalt und Schranken werden durch die Gesetze bestimmt. Eigentum verpflichtet. Sein Gebrauch soll zugleich dem Wohle der Allgemeinheit dienen".

Wenn wir die aktuellen Gegebenheiten kritisch betrachten, drängt sich der Eindruck auf, dass unser Gesetzgeber weit hinter dem Geschehen zurück ist. Wo bleiben die angepassten, modernen Regelungen für den Inhalt des Eigentumsrechts und insbesondere die Schranken für die modernen Formen der stellvertretenden Ausübung von Eigentumsrechten und -pflichten? Wenn Eigentum von Geschäftsführung und Haftung getrennt ist, dann müssen auch die Rechte des Eigentums entsprechend zurückgenommen werden.

Angesichts des Tatbestandes, dass Finanzfonds neben dem eingesammelten Kapital einzelner Kapitaleigner ein Vielfaches an Fremdkapital einsetzen und mit der insgesamt verfügbaren Mitteln Aktienpakete oder ganze Unternehmen kaufen, fällt es schwer, hier von Eigenkapital zu sprechen. Die darauf aufbauende Ausübung der Eigentumsrechte in dem derzeit bestehenden Ausmaß stimmt nachdenklich.

Hier ist ein weites Betätigungsfeld für die Legislative, das schnellstens zu bedienen ist.

Ein wesentlicher Schritt, der schnellstens eingeleitet werden sollte, ist der freie Zugang aller unternehmerischen Tätigkeiten zur Rechtsform der juristischen Person. Die Ausgestaltung aller Unternehmensrechtsformen zu juristischen Personen mit der

Möglichkeit der Trennung von Eigentum und Geschäftsführung und der Begrenzung der Haftung auf die Kapitaleinlage würde hier weiterführen.

Fassen wir diese wenigen Ausführungen über Eigen- und Fremdkapital zusammen, so kommen wir zu folgenden Schlüssen:

» Die Abgrenzung von Eigen- und Fremdkapital ist keineswegs eindeutig und verwischt zunehmend.
» Die Vielfalt der Erscheinungsformen von Eigen- und Fremdkapital und die fließenden Übergangsformen lassen eine eindeutige Trennung und Zuordnung in der Bilanz nicht zu.
» Der Begriff Eigenkapital sollte bei juristischen Personen nur noch aus der Sicht dieser juristischen Person, der Unternehmung, gesehen und definiert werden.
» Die Unterteilung in Eigen- und Fremdkapital in der Unternehmensbilanz sollte zugunsten einer anderen grundsätzlichen Einteilung aufgegeben werden, und zwar der Einteilung in Externes und Internes Kapital.
» Die Begriffe „Externes Kapital" und „Internes Kapital" sind entsprechend zu definieren und zu gliedern.

Hierbei können die betriebswirtschaftlichen Erkenntnisse hinsichtlich der externen und der internen Finanzierung Ausgangspunkt der Überlegungen sein.

2 Externes und Internes Kapital

(1) Die einzelnen Positionen der Bilanz

Die externe Finanzierung eines Unternehmens umfasst das Grund- und Stammkapital der Unternehmen (juristischen Personen) und das Fremdkapital im herkömmlichen Sinn, soweit diese Finanzmittel von außen bereitgestellt sind. Im Fremdkapital sind dabei neben den Krediten von Banken, Versicherungen und sonstigen Institutionen auch die Verpflichtungen gegenüber ehemaligen Belegschaftsmitgliedern (die aktuellen

Pensionsverpflichtungen, die Rentenzahlungen), sowie die Verpflichtungen gegenüber den Lieferanten, den öffentlichen Institutionen und sonstigen Kreditoren enthalten.

Thesaurierte, im Unternehmen zurückbehaltene Gewinne sowie die gesetzlichen und freien Rücklagen, stammen aus der internen Finanzierung. Sie können aus den weiter oben angeführten Gründen nicht mehr dem Grundkapital der Aktionäre allein zugeteilt werden. Sie gehören zunächst dem Unternehmen selbst. Es handelt sich um Internes Kapital. Dieses Interne Kapital umfasst neben den einbehaltenen Gewinnanteilen auch Anteile am Grundkapital, die das Unternehmen zurückgekauft bzw. bei der Ausgabe selbst finanziert und im Bestand hat. Hier handelt es sich um Eigenkapital der Unternehmung. Das sollte der Inhalt des neuen Begriffs **„Eigenkapital"** sein.

Die Wertberichtigungen stellen in einer auf Ausgaben und Einnahmen basierenden Unternehmensrechnung eine Tilgung von getätigten Ausgaben dar. Sie mindern das mit diesen Ausgaben noch verbundene Risiko. Da diese Ausgaben für Betriebsmittel in früheren Zeiten getätigt wurden, ist dafür das notwendige Kapital schon bereitgestellt. Wertberichtigungen auf der Passivseite der Bilanz stellen so gesehen in einer Einnahmen-/Ausgaben-Rechnung einen Korrekturposten der Aktivseite dar. Sie begründen kein Kapital.

Gilt der Grundsatz der Maßgeblichkeit der Handelsbilanz für die Steuerbilanz, sollten Wertberichtigungen und Abschreibungen der Sorgfalt des Kaufmanns überlassen bleiben. Dass die festgelegten betriebswirtschaftlichen Maßstäbe für die Abschreibungen und Wertberichtigungen auch weiterhin für die jährliche Überschussermittlung grundsätzlich gelten, versteht sich. Hier sind jedoch degressive Abschreibungsverfahren aus Risikoerwägungen und zur Stärkung der internen Finanzierung linearen Abschreibungsverfahren vorzuziehen. Dies wird dem Tatbestand gerecht, dass in weiterer Zukunft die Vorausschaubarkeit der Ereignisse und die Wirkung getroffener Entscheidungen in der Regel abnehmen, die Unsicherheit und das Risiko hingegen zunehmen.

Anders verhält es sich bei Rückstellungen. Hier handelt es sich um zukünftige Ausgaben. Die Bildung von Rückstellungen erfasst Risiken, die bereits verursacht sind, als Aufwandsrückstellungen und Risiken im Voraus als Verlustrückstellungen. Diese vorzeitige Erfassung bindet über den entsprechenden Aufwand finanzielle Mittel im Unternehmen. Sie schafft finanziellen Spielraum bis zur Fälligkeit der Verpflichtung. Es handelt sich um eine interne Finanzierung. Sie ist auch dem Internen Kapital zuzuordnen, weil hier Internes Kapital erstmals bereitgestellt wird.

Das gilt auch für passive Rechnungsabgrenzungsposten, soweit sie antizipative Vorgänge erfassen.

(2) Der neue Begriff „Humankapital"

Die Pensionsrückstellungen stellen einen Sonderfall dar. Sie betreffen Zusagen an die gesamte Belegschaft. Sie unterliegen in der Bemessung dem Grundsatz der Kapitaldeckung. Diese Rückstellungen werden aus dem Gewinn des Unternehmens bedient. Das könnten jährlich 5 % der Personalkosten oder vereinfacht ein Drittel des Gesamtgewinns sein. Die Pensionsrückstellungen könnten nach dem Jahreseinkommen des einzelnen Mitarbeiters strukturiert werden. Sie sind der internen Finanzierung zuzuordnen. Sie sind Bestandteil des „Humankapitals".

Ein über die betriebliche Altersversorgung hinausgehende Beteiligung am Gewinn des Unternehmens sollte alle Mitarbeiter, also nicht nur die Führungskräfte betreffen. Sie könnte z. B. mit Belegschaftsaktien ausgestattet werden. Sie wäre dem Humankapital zuzuordnen.

Steht bei einzelnen Personen kein Arbeitseinkommen zur Verfügung, könnte seitens des Staates geprüft werden, ob andere Einkommensarten, z. B. Einkommen aus Kapitalvermögen, für die Bedienung des gesetzlichen Teils der Altersversorgung seitens des Staates der betreffenden Person zur Verfügung stehen.

Entsprechend ist die soziale Verantwortung zwischen Staat, Unternehmen und Einzelperson neu aufzuteilen.

Die Pensionsrückstellungen für die Beschäftigten sind zunächst im Unternehmen dem Internen Kapital zuzuordnen. Beim Ausscheiden eines Beschäftigten sollte ein Mitnahmerecht bestehen. Die Beträge können aber auch beim Ausscheiden des Mitarbeiters im Unternehmen verbleiben. Eine Umgliederung vom Internen zum Externen Kapital ist in Erwägung zu ziehen.

Die Verantwortung des mündigen Bürgers fordert zudem den eigenen Beitrag zur Altersversorgung als Ergänzung und Absicherung.

Die Altersversorgung ist so auf drei Säulen aufzubauen:

Die gesetzliche Altersversorgung des Staates auf der Basis des Grundeinkommens, die betriebliche Altersversorgung des Unternehmens auf gesetzlicher Basis und die private Altersversorgung bieten eine zukunftsorientierte Struktur.

Die staatliche Vorsorge kann so nachhaltig entlastet werden.

(3) Die Struktur der Einkommen der Mitarbeiter

Das Grundgesetz ist von den Grundsätzen des Humanismus durchdrungen. In der Präambel steht: „Im Bewußtsein seiner Verantwortung vor Gott und den Menschen, von dem Willen beseelt, seine nationale und staatliche Einheit zu wahren und als gleichberechtigtes Glied in einem vereinten Europa dem Frieden der Welt zu dienen, hat das Deutsche Volk ... kraft seiner verfassungsgebenden Gewalt dieses Grundgesetz ... beschlossen".

Im Mittelpunkt dieses Grundgesetzes steht der Mensch. „Die Würde des Menschen ist unantastbar" (Art.1). Die Grundrechte des Menschen sind zu Beginn des Grundgesetzes eindeutig formuliert und zugesichert.

Vor dem Hintergrund dieser verfassungsmäßigen Regelungen müssen wir uns fragen: Was machen wir mit unseren Grundrechten? Auf dem Weg vom mündigen zum unmündigen Bürger sind wir in immer größerem Umfang dabei, unsere fundamentalen Grundrechte an „Stellvertreter" zu übertragen. Wir lassen uns verwalten, verfallen in Gleichgültigkeit und verlieren das Interesse an unseren elementaren Rechten. Wo bleibt der

„Ruck", der durch unsere Gesellschaft geht und der von unserem Altbundespräsidenten Roman Herzog vor vielen Jahren eingefordert wurde?

Die unmittelbare Mitwirkung bei elementaren Entscheidungen, wie sie bei einem Volksentscheid gegeben wäre, wird nicht praktiziert. Das Wahlrecht des einzelnen Bürgers versickert in der repräsentativen Demokratie unseres Landes in der Zweitstimme und dem Fraktionszwang der Partei unseres gewählten Stellvertreters. Die Macht der Organisationen und deren Lobbyisten beeinflussen den Handlungsspielraum der regierenden Stellen.

Das Mitbestimmungsrecht des einzelnen Belegschaftsmitglieds mündet vielfach in einem Fremdbestimmungsrecht des Gewerkschaftsvertreters. Die der Belegschaft zustehenden Aufsichtsratspositionen werden oft von Gewerkschaftsvertretern besetzt. Die Kleinaktionäre werden über das Depotrecht von Banken vertreten. Fonds der verschiedensten Art treten über die Verwaltung von „Eigentum" in Verbindung mit aufgenommenen Fremdmitteln in großem Stil in Eigentumsrechte der Bürger ein. Das originäre Eigentumsrecht des einzelnen Bürgers wird verwaltet.

Der einzelne Mensch resigniert zunehmend. Das ist nicht der Boden, auf dem eine „blühende Landschaft" entsteht und auf dem ein hoffnungsvoller Aufbruch in eine bessere Zukunft gelingt. Der einzelne Mensch muss wieder stärker einbezogen werden. Er muss Interesse daran gewinnen, seine Grundrechte selbst wahrzunehmen.

Im Folgenden werden entsprechend der Aufgabenstellung dieser Untersuchung die finanziell relevanten Aspekte des Humankapitals angesprochen. Diese fördern und bestimmen die Selbstbeteiligung des einzelnen Mitglieds der Belegschaft im Unternehmen.

Diese Selbstbeteiligung leitet sich aus dem Tatbestand ab, dass das Unternehmen eine langfristig angelegte soziale Veranstaltung ist, in der der Mensch und sein Schaffen im Mittelpunkt stehen. Wissen, Erfahrung und zielbewusstes Handeln einer über Jahre gewachsenen Belegschaft stellen einen unschätzbaren Wert dar. Dieser Wert steht im Zusammenhang mit dem oben dargestellten „unternehmerischen Faktor". Er ist die Basis für das Humankapital. Er stellt den Gegenwert, das Humanvermögen, dar. Soweit dieses Phänomen in den Entgelten der Mitarbeiter berücksichtigt ist, werden hierfür auch Ausgaben getätigt. In diesen Entgelten können aber nicht alle Aspekte berücksichtigt sein. Hierfür gibt es weitere Ansätze. So würdigt das Unternehmen die Leistung der Mitarbeiter über die Entgelte hinaus durch langfristige Anstellungsverträge und Kündigungsfristen sowie Pensionszusagen nach der Beschäftigungszeit.

Ein weiterer wichtiger Ansatzpunkt ist in diesem Zusammenhang die Einkommensstruktur eines Unternehmens. Sie hat eine soziale Dimension, der wir gerecht werden müssen. Sie bedarf der gesetzlichen Regelung.

Das Aktiengesetz bietet in §87 (48. Auflage, 2020) einige Ansätze für solche Regelungen. Dort steht: „Der Aufsichtsrat hat bei der Festsetzung der Gesamtbezüge des einzelnen Vorstandsmitglieds ... dafür zu sorgen, dass diese in einem angemessenen Verhältnis zu den Aufgaben und Leistungen des Vorstandsmitglieds sowie zur Lage der Gesellschaft stehen und die übliche Vergütung nicht ohne besondere Gründe übersteigen. Die Vergütungsstruktur ist bei börsennotierten Gesellschaften auf eine nachhaltige und langfristige Entwicklung der Gesellschaft auszurichten". „Für außerordentliche Entwicklungen soll der Aufsichtsrat eine Begrenzungsmöglichkeit vereinbaren".

Hier besteht erheblicher Handlungsbedarf. Wenn die Aufsichtsräte diese Aufgaben nicht erfüllen, sollte der Staat mit gesetzlichen Rahmenbedingungen eingreifen.

Die neuesten Entwicklungen auf diesem Sektor sind besorgniserregend. So bewegen sich die Vorstandsgehälter in Zeiten der Corona-Krise in vielen Fällen im zweistelligen Millionenbereich. Das 20-fache Durchschnittseinkommen des Unternehmens führt zum Beispiel nur zu einstelligen Millionenbeträgen. Auf keinen Fall können wir in Deutschland und Europa US-amerikanische Verhältnisse verkraften. Hier liegen die Spitzeneinkommen bereits im dreistelligen Millionenbereich. Das ist nochmals das Zehnfache. Hier sind die Grenzen einer sozialen Gleichstellung weit überschritten. Hier handelt es sich um Übertreibungen, um Auswüchse, die auf lange Sicht zur Selbstzerstörung des Systems führen.

In diesem Zusammenhang ist auch auf Entwicklungen hinzuweisen, die in letzter Zeit in Bereichen außerhalb der Wirtschaft eingetreten sind. Zu erwähnen sind der Versuch der Gründung einer „Super-Liga" im europäischen Fußball und Abfindungen von 35 Millionen € für einen Fußballtrainer. Auch hier sind die Grenzen des Vertretbaren weit überschritten. Das hat mit Vernunft nichts mehr zu tun, schon gar nicht mit Ethik und Moral. Machtstreben und Gier sind zu beschränken. Es bedarf dringend der entsprechenden gesetzlichen Rahmenbedingungen und der Begrenzungen nach oben.

(4) Zur aktuellen Situation der Gewinnbeteiligung der Mitarbeiter

Es ist keineswegs so, dass es keine Gewinnbeteiligung in den Unternehmen gebe. Ganz im Gegenteil, Gewinnbeteiligung ist in den verschiedensten Gestaltungsformen in den Unternehmen vorhanden. Allein auf Basis der Freiwilligkeit hat sich die Umsetzung dieses Ansatzes nicht hinreichend durchgesetzt. Es fehlt der gesetzlich verbindliche Gestaltungsrahmen.

Es gibt auch ergänzende Maßnahmen, die in die aufgezeigten Ansätze einzubeziehen sind. Im Folgenden wird ein interessanter Ansatz aufgezeigt, der in diese Richtung führt:

Der Maschinenbauverband VDMA hat einen besonderen Weg beschritten, der mit den „Lebensarbeitszeitkonten" ein Konzept einschließlich entsprechender Umsetzungsregelungen anbietet. Dieses Konzept enthält Ansätze zur Kapitalbildung des Mitarbeiters im Unternehmen wie z. B. die Thesaurierung von Teilen des Gehalts, von Boni, von Überstundenvergütungen und Vergütungen für nicht genommenen Urlaub. Soweit Gewinnbeteiligung besteht oder eingeführt wird, gehört sie zu den aufgezählten Beispielen. Diese Beträge können für die Altersversorgung vorgesehen werden, sie können aber für Zeiten der Arbeitslosigkeit, des Berufswechsels und der Arbeitsunfähigkeit herangezogen werden.

Wesentlich ist der Ansatz des „insolvenzgesicherten Wertkontos". Dieser Ansatz könnte für die gesetzliche Altersversorgung des Unternehmens einen wesentlichen Schritt in die Zukunft einleiten.

Dieses Modell ist kein Einzelfall, es hat einige Vorgänger in Großbetrieben. Das VDMA-Modell öffnet diesen Weg für den Mittelstand; es bietet entsprechende Umsetzungswege. Die rechtliche Basis liefert das „Gesetz der sozialrechtlichen Absicherung flexibler Arbeitszeitregelungen" von 1998.

Kommen wir zurück zur Thesaurierung von Gewinnbeteiligungen im Unternehmen durch den Mitarbeiter. Wie sind diese Kapitalanteile zu behandeln, wenn der Mitarbeiter das Unternehmen verlässt? Dies bedarf einer besonderen Regelung, für die es die verschiedensten Varianten gibt. Sie reichen von der Belassung im Unternehmen bis zur Übertragung auf das Unternehmen, in dem eine neue Beschäftigung angenommen wird, und bis zur Übertragung auf spezielle Einrichtungen und Institutionen, z. B. Lebensversicherungen oder Rentenfonds.

Bleiben die Ansprüche im Unternehmen, können sie auf längere Dauer bestehen bleiben und zu gegebener Zeit könnten sie verrentet werden. Sie sind in jedem Fall ins Externe Kapital zu übertragen und als Rückstellung in der Bilanz auszuweisen, wenn der Mitarbeiter das Unternehmen verlässt. Der Bereitstellung von finanziellen Mitteln im Unternehmen steht auf lange Sicht ein stetiger Finanzbedarf für Rentenzahlungen gegenüber.

Eine über Jahre gewachsene Belegschaft hat in der Regel einen unmessbaren Schatz an Wissen und Erfahrung angesammelt.

Es lohnt der Versuch, diesen Effekt als eine Komponente des Humankapitals zu quantifizieren. Er könnte als Rückstellung für vertragliche Verpflichtungen gegenüber den Mitarbeitern ausgewiesen werden. Hierfür könnte z. B. der Teil der Lohn- und Gehaltssumme einschließlich aller Nebenkosten herangezogen werden, der durch Vertragslaufzeiten oder Kündigungsfristen sowie durch im Voraus zugesagte Abfindungsregelungen zum Zeitpunkt der Erstellung des Jahresabschlusses nachweisbar und berechenbar ist.

Er könnte auch für eine Übergangszeit nach dem Vertragsende eine zeitlich begrenzte Übergangszahlung einbeziehen, die für diese Zeit den Staat entlastet.

3 Die Struktur des Gesamtkapitals

Die Struktur der aufgezeigten Kapitalarten wird im Folgenden zusammengefasst.

Eine weitere sinnvolle Unterteilung ist die Einteilung des Kapitals nach der Verzinsungsregelung. Hier ist grundsätzlich nach

» gewinnabhängiger Entschädigung und
» festverzinslicher Regelung

zu unterscheiden. Sie wurde im Voraus bereits angesprochen und wird in die Gliederung einbezogen.

Die vorausgehenden Überlegungen basieren auf der Interpretation des unternehmerischen Geschehens als soziale Veranstaltung mit vielschichtiger Beteiligung und unterschiedlicher Interessenlage, dem „Stakeholder-Prinzip".

Der Shareholder hat bei einer solchen Betrachtungsweise keineswegs eine Alleinstellung beim Anspruch auf den Gewinn und der Mitwirkung bei unternehmerischen Entscheidungen.

Eine Gliederung des Kapitals nach der Herkunft und der Verzinsung würde entsprechend den vorausgehenden Ausführungen folgende Struktur aufweisen:

Kapitalherkunft	**Verzinsung**

Externes Kapital

» Kapital der Anteilseigner	gewinnabhängig
» Fremdes Kapital	
› Kredite	festverzinslich
› Verbindlichkeiten	festverzinslich
(Lieferanten und Sonstige)	

Internes Kapital

» Eigenkapital des Unternehmens	
› Thesaurierte Gewinne	gewinnabhängig
(Gesetzliche + Freie Rücklagen)	
› Eigene Aktien des Unternehmens	gewinnabhängig
› Rückstellungen	festverzinslich
› Passive Rechnungsabgrenzung	festverzinslich
(antizipativ)	

» Humankapital	
› Nicht entnommene Gewinne und	gewinnabhängig
sonstige Entgelte der Belegschaft	
› Rückstellungen für gesetzliche	gewinnabhängig
Pensionszusagen	
› Abgegrenzte Verpflichtungen	festverzinslich
(Vertragslaufzeiten, Kündigungsfristen,	
Abfindungen etc.)	

4 Entscheidungsrechte für Humankapital

Die Verknüpfung der Mittelherkunft mit der Verzinsung zeigt auf, dass alle dem Unternehmer zur Verfügung stehenden und eingesetzten finanziellen Mittel entweder eine feste Verzinsung erfahren oder am Gewinn zu beteiligen sind.

Dabei wird angenommen, dass Pensionsrückstellungen an Belegschaftsmitglieder gewinnabhängig geregelt und bedient werden sollten bzw. könnten.

Mittel, die eine feste, vom Unternehmenserfolg unabhängige Verzinsung erfahren, sind grundsätzlich von den Organen des Aufsichtsrates und der Hauptversammlung auszuschließen.

Alle Kapitalarten, die gewinnabhängig bedient werden, sollten die gleichen Rechte im Aufsichtsrat und in der Hauptversammlung erhalten. Das sind:

~ 22 ~ Kapital der Anteilseigner – Eigenkapital des Unternehmens – Humankapital der Mitarbeiter

Das hat zur Folge, dass die Entscheidungsrechte im Unternehmen neu geordnet werden. Neben dem „Shareholder-Kapital" kommt über das Eigenkapital des Unternehmens selbst und das Humankapital eine Dreiteilung zustande, die die unternehmerischen Entscheidungen im Aufsichtsrat und in den Hauptversammlungen neu regelt.

Das Shareholder-Kapital wird wie bisher mit börsennotierten Aktien verbrieft und an der Börse gehandelt.

Das Eigenkapital des Unternehmens könnte dem unternehmerischen Faktor zugeordnet werden und von einem eigens dafür eingesetzten Gremium aus Vertrauensleuten im Aufsichtsrat vertreten werden. In dieses Gremium sollten grundsätzlich auch Externe, Personen des öffentlichen Vertrauens, gewählt werden. Dies würde auch dem öffentlichen Interesse am Geschehen im Unternehmen entgegenkommen. Das Eigenkapital des Unternehmens könnte mit eigenen Aktien belegt werden, die grundsätzlich nicht veräußerbar sein dürfen, aber in der Hauptversammlung vertreten sein sollten. Sie dürfen als solche nicht in den öffentlichen Handel gelangen.

Das Humankapital sollte mit Belegschaftsaktien belegt werden, die als vinkulierte Namensaktien ausgestaltet sein könnten. Diese sind dem einzelnen Mitarbeiter zuordenbar und werden von ihm in der Hauptversammlung vertreten.

Diese Überlegungen bestärken zu dem Vorschlag, dass die Rechte der Belegschaft, ob im Betrieb oder im Aufsichtsrat und in der Hauptversammlung, ausschließlich von den Belegschaftsmitgliedern selbst auszuüben sind. Wählbar (z. B. für den Aufsichtsrat) sollten in diesem Zusammenhang nur Belegschaftsmitglieder sein, die eine Mindestzeit im Betrieb sind, z. B. fünf Jahre.

Diese Forderung bedingt aber auch, dass das Depotstimmrecht fällt. Aktionäre üben ihre Rechte entweder selbst aus oder sie sind auf der Hauptversammlung nicht vertreten. Ein Briefwahlrecht wäre hier weiterhin denkbar.

Banken und Gewerkschaften können dann beraten, aber nicht als Stellvertreter der Aktionäre bzw. der Belegschaftsmitglieder fungieren. Sie könnten neben anderen Vertretern die eigenen Interessen als Kreditgeber bzw. die öffentlichen Interessen der „Stakeholder" vertreten. Das könnte ab einer gewissen Größe der Unternehmen in der Satzung vereinbart werden. Dies würde zu einer wesentlichen Entflechtung der Machtkonzentrationen in den Händen der Stellvertreter-Organisationen führen.

Durch die vorgeschlagenen Veränderungen wird über die neue Kapitalstruktur die Entscheidungsstruktur im Unternehmen beeinflusst. Durch die erweiterte Kapitalbildung im Unternehmen wird insbesondere die exponierte Stellung des Shareholders relativiert. Neben dem Externen Kapital der Anteilseigner treten das unternehmenseigene Kapital und das Humankapital der Mitarbeiter in eine gleichberechtigte Position. Der Aufsichtsrat könnte mit je einem Drittel besetzt sein. In der Hauptversammlung wären die Aktien der Anteilseigner des Grundkapitals, die Belegschaftsaktien und die eigenen Aktien des Unternehmens stimmberechtigt.

Zielsetzungen von 25 % Eigenkapitalrendite – gemeint ist die Rendite des Grundkapitals – sind im Vergleich zu den ursprünglich im Handelsgesetzbuch genannten „normalen" 4 % nicht zu verstehen, kommen vor dem Hintergrund der Haftungsbeschränkung des Kapitals der Anteilseigner einer Eskalation gleich. Die verstärkte Bildung von Internem Kapital und die Relation des

Gewinns zum gesamten gewinnberechtigten Kapital stellen diese Zusammenhänge besser dar. Eine Rendite des gewinnberechtigten Gesamtkapitals von 4 bis 8 % erscheint in ganz anderem Licht. Gewinn, an dem alle beteiligt sind, die dazu beigetragen haben, kann dann auch positiv gesehen werden.

Die Unternehmen sehen sich auf lange Sicht besser finanziert. Die verstärkte interne Kapitalbildung schafft einen Ausgleich. Die Abhängigkeit vom Externen Kapital wird gemindert.

Von besonderer Bedeutung ist, dass der Produktivfaktor Arbeit nicht mehr zum reinen Kostensparfaktor verkümmert, sondern auch eine kapitalorientierte Dimension erhält. Alle Mitarbeiter finden zu einem mitbestimmenden, mitbeteiligten, mündigen Menschen zurück.

Wenn wir „Vorfahrt für Arbeit" praktizieren wollen, könnte der aufgezeigte Weg einige Ansätze liefern.

Insbesondere die Dreiteilung der Entscheidungsrechte auf Anteilseigner, Belegschaft und Unternehmen selbst könnte bewirken, dass keine Gruppe eine Entscheidung gegen die beiden anderen Gruppen durchsetzen kann.

Gleiche Entscheidungsrechte setzen einerseits grundsätzlich gleiche Haftungsverhältnisse im Unternehmen voraus. Das gilt für das gewinnberechtigte Kapital.

Andererseits bedarf das Humankapital einer bevorrechtigen Absicherung. Diese könnte über ein insolvenzgesichertes Wertkonto oder eine übergeordnete Versicherung (evtl. mit staatlicher Garantie) dargestellt werden. Eine „Insolvenzversicherung" könnte sich selbst über Beiträge finanzieren.

IX. Liquidität geht vor Rentabilität

Gewinn als inhärenter Bestandteil der Wertschöpfung gilt als unbestrittenes Ziel. Die Höhe des Gewinns und seine Relation zum eingesetzten Kapital sind der Maßstab für den Erfolg der Betätigung. Alle Maßnahmen und alle Entscheidungen sollten daher auf dieses Ziel ausgerichtet sein. Hierbei steht im Einklang mit der Dauerhaftigkeit des Bemühens die langfristige Gewinnerzielung im Vordergrund der Betrachtung.

Dies täuscht nicht darüber hinweg, dass kurzfristig alle Ausgaben durch verfügbare finanzielle Mittel gedeckt sein müssen. Insofern geht Liquidität vor Rentabilität.

Ist kurzfristig kein Gewinn zu erzielen, kann eine solche Phase im Unternehmen immer dann überbrückt werden, wenn genügend finanzielle Mittel zur Verfügung stehen, die kurzfristig nicht zu Ausgaben benötigt werden. Hierfür stehen Gewinne aus der Vergangenheit, Abschreibungen und Rückstellungen, die Kapital im Unternehmen gebildet haben, zur Verfügung. Die interne Finanzierung hat in diesem Zusammenhang eine entscheidende Funktion. Das bedeutet, dass finanzielle Mittel, die im Unternehmen aufgebaut werden, die externe Beschaffung von Mitteln ersetzen und damit die Eigenständigkeit verstärken und kritische Zeiten überbrücken.

So gesehen ist interne Finanzierung eine wesentliche Komponente im unternehmerischen Entscheidungsprozess. Große, erfolgreiche unternehmerische Konzepte bauen entscheidend auf dieser Komponente auf, die in der betriebswirtschaftlichen Literatur bei den Abschreibungen „Lohmann-Ruchti-Effekt" genannt wird. Er baut auf dem Gesetz der großen Zahl auf und wurde zunächst in der industriellen Produktion umgesetzt. Hier sind aber auch die Filialsysteme der großen Handelsketten anzuführen, die sich auf diese Weise finanzieren.

Ersatz- und Erweiterungsinvestitionen erfordern oft hohe finanzielle Mittel, die zu gegebener Zeit zur Verfügung gestellt werden müssen. Reichen hierzu die im Unternehmen bereitstehenden Mittel nicht aus, muss Externes Kapital zugeführt werden. Dabei kann aber nicht davon ausgegangen werden, dass hierfür jederzeit Kapitalgeber bereitstehen. Notwendige Investitionen müssen oft verschoben werden oder unterbleiben ganz.

Fehlen die finanziellen Mittel, drohen der Verzicht auf Wirtschaftlichkeit und die Zahlungsunfähigkeit. Fehlende Liquidität ist die häufigste Konkursursache unserer Zeit. Fazit: Kurzfristig geht Liquidität vor Rentabilität. Entsprechend könnte der

Grundsatz, dass Internes Kapital vor Externem Kapital steht, hinzukommen.

Im Hinblick auf die Liquidität spielen die Entnahmen oft eine entscheidende Rolle. Insofern gebietet die unternehmerische Vorsicht, alle erkennbaren Risiken abzugrenzen und, wenn nötig und möglich, für zukünftige Risiken und Ausgaben vorzusorgen. Das heißt: So viel interne Finanzierung wie möglich, so wenig Entnahmen wie nötig.

Dem stehen jedoch oft die übermäßigen Entnahmen gegenüber. Das bringt uns auf einen neuen Ansatz für eine verantwortungsbewusste, zukunftsorientierte marktwirtschaftliche Verhaltensweise.

Befassen wir uns etwas intensiver mit der Entnahme.

X. Die neue steuerliche Bemessungsgrundlage

In den vorausgehenden Ausführungen wurden der Gewinn und auch der Mehrwert als steuerliche Bemessungsgrundlage infrage gestellt. Es stellt sich daher die Aufgabe, eine andere geeignetere Lösung zu finden. Beginnen wir mit der einfacheren Aufgabenstellung, der Ersatzlösung für die Mehrwertsteuer.

1 Umsatzsteuer statt Mehrwertsteuer

Die Mehrwertsteuer bezieht sich in der Summe auf einen Teil des Umsatzes. Sie beträgt insgesamt unternehmensübergreifend den sich aus dem Steuersatz ergebenden Betrag des Umsatzes. Durch den Abzug aller geleisteten Mehrwertsteuerbeträge der Vorlieferanten ergibt sich die Steuerzahlung, die sich auf den Mehrwert, also die Umsatzspanne des jeweiligen Unternehmens, bezieht. Je weniger Produktionstiefe das einzelne Unternehmen hat, umso weniger Mehrwertsteuer fällt an. Das fördert die Spezialisierung und führt zur Zunahme von Lieferkettenstufen. Das mindert den Personaleinsatz im einzelnen Unternehmen und die Beschäftigung von Mitarbeitern im eigenen Unternehmen. Das zeigt sich insbesondere bei den international tätigen Technologie-Unternehmen, die das fertige Produkt einkaufen und weltweit vermarkten. Hier kommt ein weiterer Effekt hinzu, der sich aus der Gewinnverlagerung in die sogenannten Steueroasen ergibt. Wo kein Gewinn ausgewiesen wird, fällt auch keine Gewinnsteuer an. Eine Umsatzsteuer in der Größenordnung von 4 bis 6 % ist hier die einfachere und effektivere Lösung.

2 Besteuerung der Entnahme statt des Gewinns

Die vorausgehenden Ausführungen gehen davon aus, dass ein Unternehmen als eine langfristige wirtschaftliche Betätigung, also eine auf Dauer ausgerichtete Veranstaltung, verstanden wird. Selbst bei einem Verkauf des Unternehmens wird die Fortführung unterstellt, sie ist zumindest erwünscht.

Neueste Überlegungen hinsichtlich der Neuformulierung des Erbschaftssteuergesetzes sehen daher eine Vergünstigung vor, wenn der Betrieb nach einer Vererbung auf dem bisherigen Niveau fortgeführt wird. Das erscheint als richtiger Schritt in die auch hier verfolgte Richtung, die Fortführung des Unternehmens.

3 Wertschöpfung ist die Aufgabe allen unternehmerischen Handelns

Die aktuellen auf den Weltmarkt ausgerichteten unternehmerischen Handlungen erfordern Investitionen in die Produktivfaktoren, sei es für die Herstellung der Erzeugnisse oder die weltweite Vermarktung, die beide einen immensen Bedarf an finanziellen Mitteln auslösen. Die Ausbildung der Mitarbeiter kommt hinzu. Der Finanzsektor hat sich von der Dienstleistungsfunktion zur Eigenfunktion, dem Investmentsektor, weiterentwickelt. Er hat eine eigene Lieferkettenstufe geschaffen. Schattenbanken, Fintech-Unternehmen, Equity-Fonds, Hedgefonds und „Spaks" (leere Firmenmäntel) führen ein Eigengeschäft immensen Ausmaßes, das den Wertschöpfungsprozess zusätzlich verteuert. Der Finanzsektor beherrscht inzwischen den Sektor der Realwirtschaft. Börsenkurse, die auf der Kapitalisierung von zigfachen Zukunftsgewinnen und Spekulationen aufbauen, bestimmen das Geschehen. Hier bedarf es der ordnenden Gestaltung durch den Gesetzgeber. Hier müssen wir ansetzen. Die Realwirtschaft muss von dieser Einflussnahme entkoppelt werden.

~ 23 ~ Keine Gewinnbesteuerung – Umsatzsteuer – Besteuerung der Entnahmen

Liquidität geht vor Rentabilität! Interne Finanzierung geht vor externe Finanzierung. Der Gewinn gehört dem Unternehmen. Die Entnahme finanzieller Mittel muss begrenzt werden. Hier hilft eine Besteuerung der verschiedensten Arten der Entnahmen. Wenden wir uns den einzelnen Entnahmen zu.

(1) Die Entnahmen der Mitarbeiter

Wir haben weiter oben die Unternehmung als soziale Veranstaltung verstanden, bei der alle Mitarbeiter mitwirken. Der unternehmerische Faktor ist dabei keineswegs auf die Vorstandsmitglieder und Geschäftsführer begrenzt. Er verteilt sich vielmehr – in unterschiedlichem Umfang – auf alle im Unternehmen tätigen Personen.

Alle Mitarbeiter sind wesentlicher Teil des unternehmerischen Handelns. Das unternehmerische Ziel der wirtschaftlichen Wertschöpfung einschließlich Gewinn steht im Unternehmen über den individuellen Interessen des einzelnen Belegschaftsmitgliedes. Die Belegschaftsmitglieder erhalten für ihre Leistungen Entgelte einschließlich Gewinnbeteiligungen oder sonstige Entschädigungen. Diese Entgelte oder sonstigen Entschädigungen stellen bei Auszahlung aus der Sicht des Unternehmens Ausgaben dar.

Diese Ausgaben beziehen sich auf

» Lohn- und Gehaltszahlungen
» Gesetzliche Sozialleistungen (z. B. gesetzliche Altersversor-
  gung des Staates, Krankenkassenbeiträge)
» Rentenzahlungen im Rahmen der betrieblichen Altersver-
  sorgung
» Gewinnanteile, die nicht für die Altersvorsorge benötigt werden
» Sonstige Ansprüche (einschließlich geldwerter Vorteile)
» Sonstige Langfristvergütungen.

Auf diese Positionen lastet keine Mehrwertsteuer. Sie sind aus
der Sicht des Unternehmens auch keine Entnahmen. Sie stellen
die Ausgaben für die menschliche Arbeitsleistung dar. Die Lohnsteuer und die Kapitalertragssteuer sind als vorläufige „Quellensteuer" einzustufen. Steuersubjekt ist die jeweilige „natürliche
Person", der einzelne Mensch. Er unterliegt der Einkommensteu-
erpflicht. In diesem Rahmen sind die Quellensteuern anrechen-
bar und absetzbar.

Natürlich sollte der Anteil des Arbeitseinkommens, der als
angemessener Lebensunterhalt gilt, das Grundeinkommen, von
der Besteuerung ausgenommen sein. Das steht auch hier außer
Frage. Steuerfreigrenzen und gestaffelte Steuersätze gehören
zum steuertechnischen Handwerk. Über steuerliche Freigrenzen
hinausgehende Lohneinkommen der Mitarbeiter sollten jedoch
der Besteuerung unterliegen. Das wesentliche Merkmal der Entnahmebesteuerung besteht darin, dass Teile des Einkommens so
lange steuerfrei sind, wie sie im Unternehmen verbleiben. Das
betrifft die Gewinnanteile, die für die Altersversorgung zurückgestellt werden. Für deren Besteuerung sind die Gegebenheiten
zum Zeitpunkt der Auszahlung entscheidend.

Dem Staat kommt im Vergleich zur aktuellen Situation nur
eine Verpflichtung zur Versorgung in wesentlich niedriger Höhe
zu, eine absolut notwendige Mindestversorgung.

Die betriebliche Altersversorgung bleibt zunächst im Betrieb.
Sie dient so der internen Finanzierung. Sie bildet Internes Kapital.

Es gibt aber zwei Grundfälle der Entnahme, die besonders zu beachten sind. Einmal kann das Unternehmen die betrieblich finanzierte Altersversorgung von Anfang an auf ein externes Unternehmen übertragen. Das kommt insbesondere für kleinere Unternehmen infrage, wo das Gesetz der großen Zahl nicht zum Tragen kommt. Hier liegt zunächst keine Entnahme vor. Eine Gegenfinanzierung in Form eines Kredites könnte hier in Erwägung gezogen werden.

Die Übertragung der betrieblichen Altersversorgung kann zum anderen aber auch zum Zeitpunkt des Ausscheidens eines Mitarbeiters erfolgen. Soweit diese Auszahlung im Nachfolgeunternehmen oder in einem Versicherungsunternehmen dem gleichen Zweck zugeführt wird, liegt hier keine Entnahme vor. Dies würde dem Gedanken der internen Finanzierung auf Zeit entgegenkommen.

Ein weiterer Gesichtspunkt ist hier von Bedeutung. Scheidet ein Mitarbeiter, aus welchen Gründen auch immer, während der Lebensarbeitszeit aus dem Betrieb aus, hat er das Recht, die von ihm angesammelten finanziellen Beträge mitzunehmen. Das Unternehmen hat dies bei der Entscheidung über ein Ausscheiden zu berücksichtigen. Die Entscheidung, ob der Altersversorgungsbeitrag entnommen wird oder als Fremdkapital im Unternehmen verbleibt, sollte dem betroffenen Mitarbeiter zustehen. Werden diese Beträge einem externen Altersversorgungsfonds oder dem Altersversorgungsbereich des neuen Unternehmens zugeführt, bleiben sie von der Entnahmebesteuerung befreit.

Eine Entnahme entsteht in jedem Fall bei Auszahlung der Altersversorgung an den Berechtigten. Sie sollte nur unter bestimmten Voraussetzungen gestattet werden. Sie unterliegt der Entnahmebesteuerung.

Die Entnahme von Gewinnanteilen, ob aus der aktuellen Gewinnzuteilung oder aus früher zugeteilten, thesaurierten Anteilen, unterliegt der Entnahmebesteuerung.

Sonstige Ansprüche wie z. B. Gehaltsfortzahlungen und Abfindungen unterliegen grundsätzlich der Lohnsteuer. Dabei sind die Veranlagungszeiträume, Freigrenzen und sonstige Besonderheiten beim Empfänger zu berücksichtigen.

Lohnsteuer und Kapitalertragssteuer gelten als Quellensteuer. Sie sind bei der Einkommensteuer absetzbar. Eine Doppelbesteuerung ist zu vermeiden.

(2) Die Entnahme der Kapitaleigner

Die Dividende, die jährliche Bedienung des Kapitals der Anteilseigner, wird im Gewinnverteilungsbeschluss der Hauptversammlung festgelegt. Wird der zugeteilte Gewinn als Dividende ausgezahlt, handelt es sich um eine Entnahme, die entsprechend zu versteuern ist. Sie unterliegt der Kapitalertragssteuer.

Eine zunehmend praktizierte Form der Entnahme ist der Ersatz von Eigenkapital durch zusätzliche Fremdkapitalaufnahme. Diese Vorgehensweise wird häufig in Verbindung mit Unternehmenskäufen praktiziert. Sie mindert den eigenen Kapitaleinsatz des Käufers nachträglich. Sie stellt eine Entnahme dar. Solche Entnahmen sind nicht auf diesen Spezialfall beschränkt. Sie treten auch in vielen anderen Variationen auf. Werden diese Entnahmen besteuert, sind wir auf dem richtigen Weg.

Der Rückkauf von Aktien stellt aus der Sicht des Unternehmens einen Aktivtausch dar. Liquide Mittel werden in eigene Aktien umgetauscht. Für das Unternehmen entsteht keine Entnahme.

Aus der Sicht des bisherigen Aktionärs handelt es sich um einen Verkauf. Er zieht sich aus der Position des Kapitaleigners zurück. Er entnimmt seine bereitgestellten Finanzmittel dem Unternehmen. Der Kapitaleigner vollzieht einen Verkauf. Überschreiten die Einnahmen die ursprünglichen Ausgaben, entsteht ein Überschuss, der endgültig ist und damit zu versteuern ist. Hier kann die Zeitdauer des Engagements bei der Bemessung der Steuer berücksichtigt werden.

Der normale An- und Verkauf von Aktien seitens der Aktionäre vollzieht sich außerhalb des jeweiligen Unternehmens. Aus der Sicht des Verkäufers von Aktien liegt ein Geschäftsabschluss vor, der mit einem endgültigen Gewinn oder Verlust verbunden ist. Bei einer Gewinnerzielung steht eine Versteuerung an, da ein Engagement beendet wurde. Die weitere Verwendung ist nicht von Bedeutung. Der Vorgang des Verkaufs gilt als endgültig. Der Gewinn ist als Einkunft aus dem Kapitalvermögen dem persönlichen Einkommen des Anteilseigners zuzurechnen. Die erneute Verwendung ist als ein neuer Vorgang einzustufen.

(3) Zinsen für Kreditgeber als Entnahme

Zinsen für Kredite stellen aus der Sicht des Unternehmens eine Entnahme dar. Betrachten wir die Zinsen wie die Dividenden als Entnahme und sehen wir eine Entnahmesteuer vor, sind beide gleichermaßen zu versteuern. Für die Zinsen gilt, was für die Dividenden gesagt wurde.

(4) Die Entnahmen des Unternehmens

Ausgaben, die zum Erwerb von dem Unternehmensziel dienenden Betriebsmitteln getätigt werden, sind keine Entnahmen. Was dem Unternehmensziel dient, kann hierbei nur im Einzelfall bestimmt werden.

Für die Definition der Entnahmen sollte das Unternehmen der Ausgangspunkt sein. Jedes Unternehmen und auch die Personengesellschaften und die Einzelunternehmen sollten, wie bereits vorgeschlagen, als eigenständige Rechtsperson gesehen werden.

Ausgaben, die das Unternehmen tätigt, denen kein Erwerb von Betriebsvermögen gegenübersteht, sind Entnahmen. Aufgrund der Vielfältigkeit solcher Entnahmen können hier nur wenige Grundfälle besprochen werden.

Der Kauf von Unternehmen oder Unternehmensteilen zählt zunehmend zu den strategischen Handlungen einer Unternehmensführung. Die gezahlten Kaufpreise übersteigen zuweilen das Nettovermögen des gekauften Unternehmens erheblich und betragen ein Mehrfaches des in der Vergangenheit erzielten Jahresgewinns. Übersteigt der Kaufpreis das Nettovermögen, entsteht ein derivativer Geschäftswert. Zu diesem derivativen Geschäftswert haben wir weiter oben ausgeführt, dass er nicht zu einer außerordentlichen Abschreibung binnen kurzer Zeit berechtigt. Er ist aus zukünftigen Einnahmen zu tilgen.

Ein derivativer Geschäftswert ist nur berechtigt, wenn ein entsprechender Gegenwert angezeigt werden kann, der in zukünftigen Einnahmen seinen Niederschlag findet.

Wenn die Gewinnsteuer auf den jährlichen Zwischengewinn entfällt, wird auch die Beteiligung des Staates über einen entsprechenden Steuerausfall aufgrund der Abschreibung vermieden.

Hinzu kommt hier die Frage, ob nicht eine Überschreitung des Kaufpreises gegenüber dem Nettovermögen und dem Geschäftswert als Ausgabe ohne Gegenwert zu bezeichnen ist und insofern eine Entnahme darstellt. Der Kaufpreis wäre in einen Vermögenswert (einschließlich Geschäftswert) und eine Entnahme aufzuteilen, die nach dem hier verfolgten Konzept zu versteuern wäre.

Das kaufende Unternehmen müsste den Nachweis für die Berechtigung des Geschäftswertes erbringen. Dies fällt dann schwer, wenn zusätzliche Gewinne in entsprechender Höhe ausbleiben.

Jeder Kauf stellt auch einen Verkauf dar. Betrachten wir diese Gegenseite, wird die Angelegenheit einfacher.

Ein Verkauf eines Unternehmens oder Unternehmensteiles, der einen Verkaufspreis über den Werten des Nettovermögens erzielt, realisiert einen endgültigen Gewinn, der sich vom jährlichen Zwischengewinn unterscheidet und daher als endgültiger Gewinn einer Versteuerung unterliegt.

Der Verkauf eines Unternehmens oder eines Unternehmensteils unter den Werten des Nettovermögens würde bei dieser Betrachtungsweise einen endgültigen Verlust realisieren.

Bei Verkauf des Gesamtunternehmens und auch eines Unternehmensteils ist dieser Verlust endgültig. Er deutet auf eine ungenügende Vorsorge hin, die im Zwischengewinn früherer Jahre ihren Ausdruck findet. Hier ist der Ausgleich zu sehen. Ein solcher Verlust geht zu Lasten von thesaurierten Gewinnen, soweit solche vorhanden sind.

Diese Betrachtung beider Seiten, des Kaufes bzw. des Verkaufes eines Unternehmens oder Unternehmensteiles, liegt nahe.

Die Besteuerung ist von der Verkaufsseite besser anzugehen. Ein überhöhter Verkaufspreis enthält eine Entnahme.

Unter dem Begriff der nützlichen Ausgaben werden hier alle Ausgaben für soziale, kulturelle und sportliche Zwecke einschließlich Sponsoring verstanden. Ein solches Engagement seitens der Unternehmen ist begrüßenswert und sollte unterstützt werden. Wenn diese Ausgaben jedoch ein gewisses Maß überschreiten, ist hier durchaus eine Ausgabe zu vermuten, die außerhalb des Unternehmenszwecks liegt. Sie stellt dann eine Entnahme dar, die der Steuer unterworfen werden könnte.

(5) Fazit

Der entscheidende Unterschied der Besteuerung des jährlichen Zwischengewinns in der derzeitigen Form und der vorgeschlagenen Besteuerung der Entnahmen besteht darin, dass die Besteuerung des Zwischengewinns den Erfolg des Unternehmens, die erfolgreiche Wertschöpfung, als Basis hat und damit quasi der Staat über eine „steuerliche Entnahme" Ausgaben des Unternehmens auslöst, während bei der Entnahmebesteuerung die Entnahme bereits von einer anderen Stelle veranlasst ist. Die Entnahmesteuer ist bei der Entscheidung bekannt und kann grundsätzlich bei der Bemessung der Entnahme berücksichtigt werden.

Umsatzsteuer und Entnahmesteuer bilden durchaus eine Alternative für Mehrwertsteuer und Gewinnsteuer.

(6) Zur Diskussion über die Reform der Unternehmensbesteuerung

Anfang Juli 2006 wurde der so genannte Steuerzahlergedenktag Deutschlands in der Presse eingehend besprochen. Dieser Tag, der zu Beginn des zweiten Halbjahres liegt, besagt, dass die Steuern und die gesetzlichen Sozialbeiträge in Relation zu den Löhnen und Gewinnen in unserem Land bei 51,02 % liegen. Diese Quote liegt im Durchschnitt der OECD-Staaten bei 37 %.

Hier zeigt sich ein eindrucksvoller Maßstab für die internationale Wettbewerbsfähigkeit des deutschen Standorts. Nur drei weitere europäische Länder liegen bei dieser Quote über 50 %, nämlich Frankreich, Belgien und Ungarn.

Wenn wir bedenken, dass in der Phase des Aufschwungs nach dem 2. Weltkrieg diese Quote anfangs bei 10 % lag und in dieser Zeit für angemessen gehalten wurde, zeigt sich, in welcher rasanten Entwicklung wir uns in 50 Jahren befunden haben und noch immer befinden.

Eine Fortschreibung dieser Quote in gleichem Ausmaß und Tempo würde unser Wirtschaftssystem in kurzer Zeit ad absurdum führen. Wir würden in einen absoluten Wohlfahrtsstaat einmünden. Das würde zum „partizipativen Sozialismus" führen.

Die große Koalition hat mit der 3 % Mehrwertsteuererhöhung zu Beginn 2007 eine der größten Steuererhöhungen der Nachkriegszeit beschlossen.

Eine nachhaltige Steuerkürzung, die dringend vonnöten ist, ist nicht erkennbar. Sie ist auch nicht vollziehbar, solange keine einschneidenden Ausgabenkürzungen und keine grundsätzlichen Systemänderungen von Seiten des Staates auf den Weg gebracht sind. Die große Koalition lässt weiterhin eine große Chance, die dringend ansteht, ungenutzt.

Wo bleiben ein langfristiges Konzept für die Sanierung der Finanzlage unseres Staates einschließlich der Kommunen und eine zeitlich abgestufte Strategie zur nachhaltigen Senkung der Steuerquote? Wer übernimmt die Verantwortung für weiteres Aufschieben? Mit Parteienstreit und gegenseitiger Blockierung ist unserem Land nicht geholfen.

Ansätze für eine grundsätzliche Korrektur gibt es genügend. Das deutsche Volk ist bereit, diesen sicher schmerzlichen Weg mitzugehen. Wo sind die Institutionen und Organisationen, die diese wichtige Aufgabe unverzüglich in Angriff nehmen? Die große Koalition hat in diesem Punkt bisher kein ausreichendes Potential erkennen lassen. Wie lange können wir noch zuwarten? Wir haben keine Zeit mehr, wenn wir im globalen internationalen Wettbewerb unsere noch vorhandene Position halten wollen.

In diesem Sinne sollen die hier aufgezeigten Ansätze für eine zukunftsorientiertes, nachhaltiges, soziales Wirtschaftssystem verstanden werden.

XI. Zusammenfassung

Die vorausgehenden Ausführungen zeigen deutlich, dass bei schneller, atemberaubender Entwicklung des Weltgeschehens die übergeordneten Institutionen und Organisationen ihrer Aufgabenstellung, den ordnenden Rahmen zu gestalten, nicht hinreichend nachkommen. Sie sind oft zu langsam und schwerfällig. Sie sind in ihrer inneren Struktur unzureichend vorbereitet und falsch ausgerichtet. Noch immer stehen sich auf der Welt zwei geopolitische Systeme gegenüber, die von Machtstreben und Gier getrieben zur Blockbildung und Konfrontation neigen und koordiniertes Verhalten und gemeinschaftliches Vorgehen verhindern.

Die Grundideen des Liberalismus und der Demokratie auf der einen Seite und des Sozialismus auf der anderen Seite werden in den real existierenden Systemen nicht umgesetzt. Persönliches Machtstreben und falsche Ausrichtungen und Ziele führen zu Fehlentwicklungen und Folgen mit existenzbedrohenden Ausmaßen.

Wir kommen in der Führung mit der sich beschleunigenden Entwicklung des Geschehens nicht mit und leben gleichzeitig auf vielen Gebieten über unsere Verhältnisse.

Rechte bestehen nicht uneingeschränkt. Sie sind stets mit Pflichten verbunden. Freiheit besteht nicht absolut. Sie kann nur in dem Maß beansprucht werden, wie sie den Freiheitsspielraum der anderen nicht einschränkt, auch nicht den Freiheitsspielraum der nachfolgenden Generationen. Bescheidenheit und Zurückhaltung gegenüber dem Mitmenschen sind gefragt.

Wir leben zurzeit über unsere Verhältnisse. Wir werden unseren Verpflichtungen gegenüber unseren Nachkommen, den nachfolgenden Generationen in vielfältiger Weise nicht gerecht.

Der deutsche Staat beansprucht über 50 % unseres persönlichen Einkommens für Steuern und Abgaben.

Wir verbrauchen mehr Ressourcen als neue erschlossen werden.

Die Erderwärmung schreitet weiter voran.

Die Unternehmungen kapitalisieren Zukunftserwartungen bis zum 20-fachen Jahresgewinn und nehmen die Zukunft vorweg.

Die demografische Entwicklung in der Welt ist besorgniserregend. Wir sind auf Zuwanderung angewiesen und haben mit Flüchtlingsbewegungen im Übermaß zu tun.

Das sind nur einige Beispiele ohne Anspruch auf Vollständigkeit.

Deutschland und Europa zählen geistig und geographisch zur westlichen Welt. Daran soll und kann sich nichts grundsätzlich ändern. Das heißt aber nicht, dass wir uns dem US-amerikanischen System des „Neoliberalen Kapitalismus" bedingungslos unterordnen. Wir können keine „amerikanischen Verhältnisse" in Deutschland und Europa gebrauchen. Sie passen nicht zur geistigen Grundhaltung in Kontinentaleuropa. Wir haben auf der Basis unserer Stellung im Weltgeschehen die Aufgabe und Verpflichtung, zwischen den beiden Systemblöcken zu vermitteln und auszugleichen. Das geht nur über eine eigenständige Position in systemrelevanten Punkten. Das bedeutet insbesondere, Fehlentwicklungen und Übertreibungen zu vermeiden.

Die oben entwickelte Variante des „Nachhaltigen, Sozialen Kapitalismus" ist in diesem Sinne als Beitrag für den wirtschaftlichen Sektor zu verstehen.

H DIE FAMILIE ALS BASISEINHEIT DER MENSCHLICHEN GEMEINSCHAFT

Die Familie ist die Basiseinheit der menschlichen Gemeinschaft schlechthin. Sie ist im Rahmen des Gesamtsystems dem Sektor der Brüderlichkeit und der Sittlichkeit zugeordnet. Sie baut auf dem Konstrukt der Ehe auf. Hauptaufgabe der Ehe ist die Kindererziehung. Ohne Kinder hat keine Gemeinschaft auf Dauer eine Zukunft. Ehe und Familie erfahren nicht die Wertschätzung, die ihnen gebührt. Kindererziehung ist eine Betätigung, die zu jeder anderen Beschäftigung in Politik, Wirtschaft und Kultur gleichrangig ist. Das erfordert eine entsprechende Einstufung und Versorgung, die vom Kindergeld über steuerliche Begünstigungen bis hin zur Versorgung im Krankheitsfall und für das Alter reicht. Das Ehegatten-Splitting sollte durch ein Familien-Splitting ergänzt werden, das die Kinder mit einbezieht. Selbst ein Grundeinkommen, gestaffelt nach der Kinderzahl, sollte in Erwägung gezogen werden.

~ 24 ~ Steuersubjekt: Natürliche Person – Ehegatten-Splitting – Familien-Splitting

Die demographische Entwicklung nimmt in vielen Ländern einen besorgniserregenden, rückläufigen Verlauf. Die Geburtenrate sinkt unaufhaltsam. Die Zahl der Eheschließungen hat sich in Deutschland im Jahr 2020 gegenüber 1950 von 750.452 auf 373.319 um die Hälfte reduziert. Das sollte uns zu denken geben.

Das Durchschnittsalter steigt ständig. Zuwanderung und Flüchtlingsströme wachsen. Das sind keine guten Tendenzen. Immigration wird zum Problem. Integration ist eine Aufgabe, die sich über Generationen hinzieht. Fehlende Sprachkenntnisse und abweichende kulturelle Herkunft sind langwirkende Hinderungsgründe, die nicht in kurzer Zeit überwunden werden. Multikulturelle Strukturen bieten Vielfalt. Sie müssen gestaltet werden. Sie erfordern Einfühlung und gegenseitige Rücksichtnahme. Alles muss mit Maß und Ziel erfolgen. Gemeinschaft erfordert Geduld und gegenseitige Achtung. Die Garantie der Würde des Menschen gilt für alle Bürger unseres Staates. Es wäre ein Idealzustand, wenn alle Menschen unseres Landes, die langfristig mit uns leben wollen, die deutsche Sprache lernen und die deutsche Staatsbürgerschaft erwerben. Das ist ein langwieriger Weg, der nur über Generationen erreichbar ist. Bemühen wir uns gemeinsam, ein friedliches Miteinander zu pflegen. Es ist ein erstrebenswertes Ziel.

Die Finanzwirtschaft entfernt sich immer mehr von der Dienstleistungsfunktion hin zum Eigengeschäft. Sie macht Geschäfte mit sich selbst ohne Bezug zur Realwirtschaft. Die Technologie-Unternehmen zeichnen sich dadurch aus, dass sie kaum über eigene Technologie verfügen. Deren Produktionstiefe neigt zur Nullgrenze.

Wo soll das Ganze noch hinführen? Wir leben auf Kosten der Zukunft und neigen zur Übertreibung. Blasenbildung und Krisen der verschiedensten Art sind die Folgen. Wir engen den Freiheitsraum unserer Nachkommen, der nachfolgenden Generationen, mehr und mehr ein. Das ist unverantwortlich!

Die Familie ist bei all dieser Hektik noch immer ein sicherer Hort, der Sittlichkeit und Geborgenheit vermittelt, Mitgefühl und gegenseitige Hilfe bietet. Allerdings vollzieht sich auch in der Familienstruktur eine Wandlung, die über die demographische Entwicklung weit hinausreicht. Noch zur Mitte des vergangenen Jahrhunderts war die Großfamilie, der Dreigenerationenhaushalt eine verbreitete Familiengestaltung, die viele Aufgaben selbst löste.

Der Autor erinnert sich an die Kriegs- und Nachkriegsjahre, in denen er in einem solchen Dreigenerationenhaushalt aufgewachsen ist. Wir waren „Selbstversorger". Uns ging es gut. Heute gibt es solche Großfamilien kaum noch. Die Großfamilie, der

Dreigenerationenhaushalt, sollte als „Risiko-Gemeinschaft“ steuerlich anerkannt werden. Gegenseitige Hilfestellung sollte in stärkerem Maße steuerlich anerkannt werden

Die Familie ist und bleibt die Basis der menschlichen Gesellschaft. Der Mensch ist kein Alleingänger. Er braucht die soziale Bindung.

I SCHLUSSBEMERKUNGEN

I. Nachhaltigkeit

1 Die Gesundheitskrise

Das Weltgeschehen wird seit Jahresbeginn 2020 von der Corona-Krise beherrscht. Das COVID-19-Virus hat sich in kurzer Zeit über nahezu alle Länder der Erde verbreitet. Die Krise hat sich zur lebensbedrohenden Pandemie ausgebreitet. Die Entwicklung hat in den einzelnen Ländern einen völlig unterschiedlichen Verlauf genommen.

Die obigen Ausführungen begleiten diesen Zeitraum aus deutscher Sicht. Der aktuelle Stand lässt sich wie folgt zusammenfassen:

» Die Krise in den Griff bekommen haben die Länder, die sehr früh rigorose Lockdown-Maßnahmen und Einreisebeschränkungen eingeführt haben. Sie beherrschen die Krise. Zu diesen Ländern gehören Neuseeland und Australien sowie China. Deutschland konnte in der Zwischenzeit (Juni 2021) zu diesen Ländern aufschließen. Die Inzidenzziffer lag inzwischen unter 35. Die dritte Welle war gebrochen. Der warme Sommer zeigte seine Wirkung. Gleichzeitig zogen dunkle Wolken heran. Die „Indische Variante" verbreitet sich inzwischen in Europa. Großbritannien und Portugal sind besonders stark betroffen. In Deutschland ist die Variante ebenfalls angekommen.

» Gut abgeschnitten haben die Länder, die konsequent aufs Impfen gesetzt haben. Das sind die Länder Israel, die USA und England.

» In vielen Ländern der Erde ist die Pandemie noch in der Phase der zunehmenden Ausbreitung. Hier sind Indien und Nepal sowie Brasilien zu nennen. Neuerdings kommen Taiwan und Vietnam hinzu. Neue Mutanten treten auf.

Insgesamt kann festgestellt werden, dass – trotz schneller Entwicklung von geeigneten Impfstoffen – die Corona-Krise weltweit noch nicht beherrscht wird. Die Corona-Krise wird uns noch viele Jahre begleiten. Eine Zeit nach der Krise wird es vorerst nicht geben – auch für Deutschland nicht.

Deutschland hat für die Impfstoff-Entwicklung einen entscheidenden Beitrag geleistet und wird für die Bereitstellung von Impfstoffen für andere Länder weiterhin einen wesentlichen Anteil leisten. Dabei wird es auf die Übertragung von Knowhow und Erfahrung sowie den Aufbau von Fertigungskapazitäten ankommen. Die Aufhebung von Patentrechten wird von geringer Bedeutung sein. Fehlende Vorprodukte und nichtverfügbare Fertigungskapazitäten werden das Vorankommen bestimmen.

Auf einen entscheidenden Punkt muss noch verwiesen werden. Die Lockdown-Maßnahmen der verschiedensten Art, die sich auf Kontakteinschränkungen, Reiseverbote und Schließungen von Wirtschaftszweigen und Kulturveranstaltungen beziehen, haben einen enormen Spareffekt ausgelöst. So haben diese Maßnahmen in Deutschland mit einem Drittel dazu beigetragen, dass im Jahr 2020 das gesetzte Klimaziel erreicht wurde. Ohne Sparen geht es nicht. Die Corona-Krise muss in allen Ländern der Erde beherrscht werden. Es gibt noch viel zu tun. Weniger Aufrüstung und Waffenexporte und dafür mehr Entwicklungshilfe und Knowhow-Transfer würde helfen. Ob mit oder ohne Patentschutz, ist nicht entscheidend.

2 Der Klimawandel

Auf dem Gebiet des Klimawandels hat sich im letzten Jahr einiges bewegt, aber bei weitem noch nicht genug. Zu nennen sind hier die Rückkehr der USA in das Klimaschutzabkommen von

Paris und die umfangreichen Aktivitäten von US-Präsidenten Joe Biden, die bis zur Kontaktaufnahme in diesem Sektor mit China reichen. Erwähnenswert ist das Urteil des Bundesverfassungsgerichts, das zu dem Beschluss geführt hat, die Klimaschutzpolitik entspreche in einigen Punkten nicht dem deutschen Grundgesetz. Maßgebend ist hier die Einordnung des Problemkreises in den größeren Rahmen der Generationen-Gerechtigkeit. Gemeint ist, dass das Vorgehen in der Klimapolitik unzureichend ist und den Handlungsspielraum der nachfolgenden Generationen, unserer Nachkommen, einengt. Die Erderwärmung liegt noch immer bei 2 % pro Jahr, die Permafrost-Gebiete und die Eisberge schmelzen stetig weiter zusammen. Die neuesten Klimaziele führen zu einer weiteren Erderwärmung bis zu 3,7 %. Hier ist eine Umkehr der Entwicklung dringend nötig. Klar ist, dass diese Umkehr nur gemeinsam mit den USA und China erreicht wird. Beide verbrauchen über 35 % der Treibhausgase. Der Klima-Gipfel des US-Präsidenten mit 40 Staaten hat neue Einsparziele für viele Länder gebracht. Lediglich China hat nur erklärt, dass der Emissionshöhepunkt einige Jahre früher eintrete. Das heißt im Umkehrschluss, dass zunächst der CO_2-Ausstoss weiter steigen wird. Das kann vor dem Hintergrund, dass die beiden führenden Wirtschaftsmächte der Welt ein Wirtschaftswachstum von 6 % aufweisen, gar nicht anders sein. Da hilft auch ein neues Klimaschutzgesetz, das Deutschland in aller Eile beschlossen hat, nicht viel weiter. Hier sind China und die USA am Zug.

Hier helfen nur zwei Ansätze: konkrete Maßnahmen zur Forcierung erneuerbarer Energien und neuer Antriebstechniken (grüner Wasserstoff) sowie einschneidende Sparmaßnahmen. Die Corona-Krise hat gezeigt, was Einschränkungen bewirken können. Wachstum und Freiheit sind keine Ziele an sich. Wir müssen uns bescheiden. Wir dürfen die Zukunft nicht vorwegnehmen. Wir müssen uns zurücknehmen. Die Vernunft verlangt, dass wir ein bestimmtes, begrenztes Ziel mit möglichst geringem Einsatz erreichen. „Wer den Horizont als Ziel hat, erreicht sein Ziel nie." Der Weg ist das Ziel. Sparen ist angesagt.

Erste Ansätze in dieser Richtung kommen aus dem Osten. China hat die Gründung und Börseneinführung eines Technologie-Unternehmens untersagt. Singapur verbietet die Einrichtung neuer Datenbanken wegen fehlender Energieversorgung. Auf diesem Gebiet bedarf es vielfältiger Rahmenbedingungen bis hin zur Digitalisierung und Künstlicher Intelligenz.

3   Umweltprobleme

Umweltprobleme der verschiedensten Art runden das Gebiet der Nachhaltigkeit ab. Sie reichen vom Atommüll über nicht recycelbare Kunststoffe bis hin zu Kreuzfahrtschiffen mit Schwerölantrieb und vieles mehr.

Hier helfen neben neuen Technologien wie erneuerbaren Energien, E-Mobilität und Wasserstoff-Antrieb Sparmaßnahmen und Verbote.

Der Klimawandel ist das Thema Nr. 1 unserer Zeit.

II.   Die „soziale Komponente" und die demographische Entwicklung

In Deutschland verändert sich die Bevölkerungszahl nur geringfügig (2019: + 0,3 %). Die Bevölkerungszahl liegt bei 83 Millionen. Die Geburtenrate betrug 2019 nur 1,5. Zuwanderungen (1.568) und Auswanderungen (1.231) gleichen sich in etwa aus. Dazu kommt ein stetiger Anstieg der Lebenserwartung, die 2019 bei 80,9 Jahren lag. Entsprechend ist mit steigenden Verpflichtungen für die gesetzliche Altersversorgung zu rechnen. Da bei den Auswanderungen der Anteil an Deutschstämmigen nicht unerheblich sein dürfte, nimmt der Anteil der Bürger mit Immigrationshintergrund stetig zu. Er lag bei ca. 20 %. Integration ist angesagt.

Im Vergleich zeigen die Zahlen in China folgendes Bild: Die Bevölkerungszahl liegt bei 1,4 Milliarden (auf gleicher Höhe wie in Indien). Die Geburtenrate liegt bei 1,3. Die Bevölkerungszahl steigt trotzdem. Das lässt auf eine stetige Vergreisung der Bevölkerung mit erheblichen Folgen für die Altersvorsorge schließen. Auch China hat mit erheblichen Strukturproblemen zu tun. Die Empfehlung der Regierung für die gewünschte Kinderzahl wurde in diesen Tagen von ursprünglich einem Kind auf nunmehr drei Kinder angehoben. Aber: Gesagt ist nicht getan. So einfach lässt sich dieses Ziel nicht umsetzen.

Es handelt sich hier um ein weltweites Anliegen. Es erfordert strukturelle Maßnahmen. Mit dieser Frage haben wir uns oben eingehend befasst. Die Altersvorsorge ist ein elementares soziales Thema. Sie steht zu Recht im Mittelpunkt unserer Überlegungen. Der Familie sollten wir mehr Aufmerksamkeit schenken. Der Würde des Menschen wird am besten entsprochen, wenn er in Freiheit in seiner Heimat leben kann. Der Flüchtlingszustrom ist stärker zu kontrollieren und besser zu organisieren. Die Integrationsmaßnahmen müssen intensiviert werden.

Die soziale Komponente ist grundsätzlich neu zu ordnen. Der Wohlfahrtsstaat ist auf Dauer keine Lösung.

III. Der Kapitalismus

Der Neoliberale Kapitalismus in der westlichen Welt ist durch Übertreibungen und Fehlentwicklungen der verschiedensten Art geprägt. Hervorzuheben ist die beherrschende Position des Finanzsektors. Die Überbetonung des Eigengeschäftes und die Vorwegnahme der Zukunftsentwicklung führen in die falsche Richtung. Sie führen nicht in eine erfolgreiche Zukunft. Die Gefahr einer Selbstzerstörung besteht durchaus.

Der Staatskapitalismus der östlichen Welt basiert auf einer sonderbaren Legierung. Sie verbindet die konzentrierte Macht des Einparteiensystems im politischen Sektor mit den Vorteilen des freiheitlichen westlichen Systems auf wirtschaftlichem Gebiet, dem Kapitalismus.

Die beiden geopolitischen Systeme sind machtpolitisch ausgerichtet. So gesehen befinden wir uns auf der Welt in einer Phase des „modernen Absolutismus". Wir sind von einer freiheitlichen, demokratischen Weltordnung weit entfernt.

Der oben entwickelte Ansatz eines „Nachhaltigen Sozialen Kapitalismus" bezieht sich auf den Wirtschaftssektor und strebt die Position einer eigenständigen dritten geopolitischen Variante an. Die notwendigen ordnungspolitischen Rahmenbedingungen sind von der deutschen Regierung zu schaffen. Das Konstrukt muss „europafähig" sein. Entsprechende Ansätze für den wirtschaftlichen Sektor sind oben aufgezeigt. Die Begriffe „Gewinn", „Eigentum" und „Kapital" müssen mit neuem Inhalt ausgestattet werden. Ein entsprechender Vorschlag wurde unterbreitet. Der Kapitalismus kann und wird nur auf der Basis neuer Inhalte für die elementaren Begriffe

~ 25 ~ Gewinn – Eigentum – Kapital

überleben und erfolgreich in die Zukunft führen. Ein entsprechender Versuch wurde oben unternommen. Er baut im wirtschaftlichen Sektor auf zehn entscheidenden Maßnahmen auf. Sie wurden von 25 „Trilogien", jeweils drei in Zusammenhang stehenden Begriffen, hergeleitet. Dieser Maßnahmenkatalog umfasst:

1. **„Eigene Rechtspersönlichkeit für alle Unternehmen und Haftungsbeschränkung (keine Haftung mit dem Privatvermögen);**
2. **Keine Besteuerung des Jahresgewinns;**
3. **Gewinnanspruch für alle Mitarbeiter auf gesetzlicher Basis;**
4. **Gewinnverteilung auf Basis der Beteiligung der Produktivfaktoren am Produktionsprozess (Dreiteilung);**
5. **Neue Struktur der sozialen Vorsorge auf gesetzlicher Basis (Dreiteilung);**
6. **Die menschliche Arbeitsleistung rechtfertigt die Bildung von „Humankapital";**
7. **Neuer Begriff des „Eigenkapitals" des Unternehmens;**

8. **Die veränderte Kapitalstruktur bestimmt die Entscheidungsstruktur im Unternehmen;**
9. **Jeder arbeitsfähige Bürger hat die Pflicht zu arbeiten;**
10. **Die neue steuerliche Bemessungsgrundlage: Umsatz statt Mehrwert und Entnahme statt Gewinn.**

Diese Maßnahmen könnten in jedem Wahlprogramm der im Bundestag vertretenen Parteien für die nächste Wahlperiode stehen.

IV.   Die Finanz- und Schulden-Krise

Der Vollständigkeit halber sei noch auf einen weiteren Punkt hingewiesen. Die Finanz- und Schuldenkrise, die im Jahr 2008 von den USA ausgelöst wurde, ist bis heute nicht überwunden. Wir haben diese Krise bisher mit den Mitteln bekämpft, die sie ursprünglich ausgelöst haben. „Quantitative easing" ist keine Lösung auf Dauer. „What ever it takes" ist keine geeignete Maxime. Konjunkturprogramme in immer höheren Ausmaßen führen nicht zum Ziel. Wir brauchen Strukturprogramme, die Fehlentwicklungen beseitigen.

Der „Neoliberale Kapitalismus" US-amerikanischer Prägung ist ein Musterbeispiel für ein logisches „geopolitisches System" mit vielen Fehlentwicklungen in der realen Umsetzung. Die beherrschende Stellung des Finanzsektors, die Überbetonung des Eigengeschäftes, des Investmentsektors, schießen weit über das Ziel hinaus. Die Alleinstellung des "Shareholder-Value-Prinzips" und die Überbetonung des Börsenwertes, der auf der Kapitalisierung des Zukunftsgewinns bis hin zum 20-fachen Jahresgewinn tendiert, führen in die falsche Richtung und nehmen die Zukunft vorweg. Die Nachhaltigkeit und die „soziale Komponente" kommen dabei zu kurz. Übertreibungen treten auf. Die Schere zwischen Arm und Reich öffnet sich zunehmend.

Das neue Förderprogramm für Konjunktur, Klimaschutz und Infrastruktur in Höhe von 6 Billionen $ passt in dieses Bild. Es baut auf den Annahmen auf, dass die Inflation auf niedrigem Niveau verharrt, die Zinsen niedrig bleiben und die Steuern nicht erhöht werden müssen. Dies ist ein gewagtes Unterfangen. Die Inflationssorgen treten schon auf. Die Preise steigen unaufhaltsam. Konjunkturprogramme sind der falsche Ansatz. Wir können die Finanz- und Schuldenkrise nicht mit Geld zuschütten. Zinserhöhungen können in diesem Umfeld auf Dauer nicht ausgeschlossen werden. Hoffentlich wirken die Klimaschutzaktivitäten und die notwendigen Infrastrukturmaßnahmen.

Der Ansatz einer Mindeststeuer für Technologie-Unternehmen von 21 %, den die US-Finanzministerin ins Gespräch gebracht hat, spielt den USA in die Karten. Wenn in Deutschland und in anderen Ländern keine Gewinne entstehen, fallen auch keine Gewinnsteuern an. Finanzminister Scholz jubelt zu früh, wenn hier ein Kompromiss bei 15 % im Sektor der 140 OECD-Staaten im Gespräch ist. Die Politik sollte die Finger von den Gewinnen der Unternehmen lassen. Da ist die oben vorgeschlagene „Umsatzsteuer" der bessere Ansatz. Die neueste Gesetzesinitiative des Kongresses, die auf die Technologie-Branche ausgerichtet ist, setzt ein Zeichen, beschreitet aber den falschen Weg.

Ob Trump oder Biden, die Amerikaner denken weiterhin zuerst an sich selbst. Wir brauchen keine US-amerikanischen Verhältnisse. Sie passen nicht zu unserer kontinentaleuropäischen Geisteshaltung, die von der Aufklärung geprägt ist. Wir brauchen eine eigenständige geopolitische Variante, die auf Freiheit und Demokratie aufbaut und von Vernunft geleitet wird. Dazu gehört in erster Linie, dass wir nicht über unsere Verhältnisse leben. Bescheidenheit ist angesagt.

V. Das Wahlprogramm der CDU/CSU

Das Wahlprogramm der CDU/CSU steht noch aus (20. Juni 2021). Der Fraktionsvorsitzende Brinkmann wagt sich vor und fordert eine „Staatsreform", wird aber wenig konkret. Die EZB berät am Wochenende über die zukünftige Strategie. Die Grünen

schlagen Kreditverträge zwischen Politik und Wirtschaft vor –
wenigstens ein Sachprogramm, das weiterführt. Es bedarf der
Konkretisierung. Es wird erwartet, dass die Mittel spätestens
Mitte des Jahres 2022 bereitstehen. Lasst uns richtig wählen!
Wir brauchen Aufbruchstimmung. Die 50 % Nichtwähler sind
gefordert, an die Wahlurnen zu kommen.

Die Wähler in Nordrhein-Westfalen wählen ihren Ministerpräsidenten, Armin Laschet. Die Bayern wählen ihre CSU.
Viele Bürger handeln und wählen nach dem Motto: „Keine Ex-
perimente." Das zeigen die letzten drei Landtagswahlen dieses
Jahres an. Alles spricht dafür, dass die CDU/CSU als stärkste
Partei aus den Wahlen zum Bundestag im September hervorge-
hen wird. Sie wird ihren Kandidaten zum Bundeskanzler vor-
schlagen. Das deutet darauf hin, dass die Wahlen zu Personen-
und Parteienwahlen ausgestaltet werden. Warum dann noch
ein konkretes Sachprogramm als Basis für die Wahlentscheidung? Es gilt, so wenig Angriffsfläche zu bieten wie nur möglich. Das ist zu wenig!

Es ist gekommen, wie erwartet wurde. Das Wahlprogramm
der CDU/CSU ist inzwischen verabschiedet (21. Juni 2021). Es
steht unter dem Motto: „Ein starkes Deutschland unter einem
starken Europa." Es setzt auf Modernisierung und Erneuerung,
wirtschaftliches Wachstum und soziale Sicherheit. Langfristige
Ziele wie zum Beispiel die Klimaziele bis 2045 werden bestätigt.
Die Entscheidung des Bundesverfassungsgerichts zur Generationen-Gerechtigkeit wird verdrängt. Zur „nuklearen Abschre-
ckung" und zur Einhaltung der 2 % Ausgaben-Zusage gegenüber
der NATO wird ein Bekenntnis abgelegt. Harmonie wird verbreitet, obwohl ein „Bayernprogramm" noch aussteht. Die Finanzierung des Programms ist noch offen. Das klingt alles nach:
„Weiter so!" Ein Programm für die ersten 100 Tage, geschweige
denn, für die nächste Wahlperiode fehlt. Armin Laschet ist offensichtlich kein Joe Biden! Die letzten 100 Tage bis zur Wahl sind
angebrochen. Es wird sich nicht mehr viel ändern. Der Bundeshaushalt 2022, der in den nächsten Tagen verabschiedet wird,
enthält eine Neuverschuldung von 100 Milliarden.

Das Wahlprogramm der CDU/CSU wird in der Presse intensiv diskutiert. Die Meinungen sind eindeutig.

Der Presse-Club am Sonntag (20. Juni 2021) stufte die CDU/CSU als konservativ ein und kam zu dem Resümee: „Im Schlafwagen an die Macht!" Eine Staatsreform wurde eingefordert.

Das Europa-Magazin verwies besonders auf die umfangreichen Agrar-Subventionen, die offensichtlich falsch ausgerichtet und erfolglos sind. Ein neuer „Gesellschaftsvertrag" wurde gefordert.

Die Presse analysiert das Wahlprogramm äußerst kritisch. Die Ökonomen äußern Zweifel an der Wachstumsthese und bemängeln, dass das Programm zu sehr dem „gescheiterten" Neoliberalismus folge.

Was wir brauchen, sind weitere Sachprogramme, die in die Zukunft führen und schnellstens greifen. Davon sind wir weit entfernt. Es bleibt die Hoffnung, dass wir Wähler im September eine gute Entscheidung treffen, die eine zukunftsorientierte Politik zum Ziel hat und umsetzt.

VI. Zusammenfassung

Zusammenfassend ist festzustellen, dass die Welt in Unordnung ist und kein zukunftsorientiertes Konzept hat. Das gilt auch für Deutschland und die Europäische Union.

Deutschland muss sich seiner Führungsverantwortung stellen und vorangehen. Der Staat, die Regierung, muss den Ordnungsrahmen zukunftsfähig gestalten und zukunftsorientiert ausrichten. Neue Ziele sind noch kein Programm. Es bedarf der konkreten Sachprogramme, damit die Unternehmen die Umsetzung der Ziele erreichen können. Diese Aufgabenstellung kann nicht bis nach den Wahlen zurückgestellt und den dann anstehenden Koalitionsverhandlungen überlassen werden. Die Sachprogramme müssen das Wahlprogramm bestimmen. Die Wähler benötigen einen zeitlich gestaffelten Maßnahmenkatalog der Parteien für ihre Wahlentscheidung. Der Wähler will als „mündiger Bürger" behandelt werden. Wir wollen nicht die Katze im Sack kaufen.

Die Parteien müssen ihr auf Systemerhaltung ausgerichtetes Machtstreben aufgeben und auf die Sachpolitik setzen. Systemimmanentes Verhalten reicht nicht zur Gestaltung der Zukunft: Beseitigung von Fehlentwicklungen, Systemanpassungen und Systemänderungen sind nötig.

Der tägliche Parteienstreit sollte zurückgenommen werden.

Die Menschen dieser Erde dürfen nicht über ihre Verhältnisse leben. Im Augenblick sind Zurückhaltung, Bescheidenheit und Sparen angesagt. Nichts hilft schneller als Verzicht. Weniger ist mehr! Unproduktive Zeiten sind zu vermeiden, sie reichen von den Staus auf den Autobahnen über ein Überangebot an Talk-Shows, Quizsendungen und Krimiserien bis hin zu übertriebenen Reiseprogrammen. Können wir hier nicht etwas zurückschalten? Sparen bringt den schnellsten Erfolg.

Unser Handeln sollte von Vernunft getragen sein!

Noch scheint irgendwo auf der Welt jeden Tag die Sonne und erwärmt uns mit ihrem güldenen Schein. Geben wir die Hoffnung nicht auf. Wir alle haben es in der Hand, unsere Zukunft positiv zu gestalten. Packen wir es gemeinsam an!

VII. Ausblick

Die Zeit ist inzwischen vorangeschritten. Das III. Quartal 2021 ist vollendet. Die Bundestagswahlen am 26. September haben stattgefunden. Die Deutschen Bundesbürger haben klug gewählt. Sie haben die kritische Lage, in der wir uns befinden, erkannt und haben zahlreich an der Wahl teilgenommen. Die Wahlbeteiligung von 74,6 % hat ein sichtbares Zeichen gesetzt. Das Wahlergebnis hat zu klaren Strukturen geführt. Die SPD hat die Wahlen gewonnen (25,7 % der Zweitstimmen). Die Grünen (14,8 %) und die FDP (11,7 %) zählen zu den Gewinnern. Hierzu haben die Jungwähler wesentlich beigetragen. Sie haben beiden Parteien die Mehrzahl ihrer Stimmen gegeben. Dem Links-Links-

Grün-Bündnis wurde eine Absage erteilt. Eine Fortsetzung der Großen Koalition findet wenig Zustimmung. Für die Linke und die AfD bleibt die Opposition.

Grüne und FDP stehen gemeinsam mit der SPD für eine Koalition zur Verfügung, die „Ampel-Koalition" (rot, grün. gelb).

Sie demonstrieren Geschlossenheit und reden von einem „neuen Bündnis", das „einen Aufbruch" und „eine wirkliche Erneuerung" bringen soll.

Der vorliegende Koalitionsvertrag bringt noch keinen Aufbruch. Wir brauchen mehr „wissenschaftsbasierte Politik". Die „Theorie der Produktivfaktoren" bietet hier einen guten Ansatz. Wir brauchen die „Gewinnbeteiligung aller Mitarbeiter auf gesetzlicher Basis" und eine dritte Säule der Altersversorgung, die „betriebliche Altersversorgung auf gesetzlicher Grundlage". Die Partei, die diesen Weg überzeugend bietet, steht noch nicht zur Verfügung.

Das vorliegende Schriftwerk bietet zahlreiche Ansätze für diesen Weg. Vielleicht kommt die eine oder andere Anregung an und fällt auf fruchtbaren Boden.

Es darf nicht übersehen werden, dass im dritten Quartal 2021 die Inflation stark angestiegen ist. Sie hat 4,1% erreicht. Ein Anstieg auf 5% steht bevor. Erdgas- und Strompreise zeigen außerordentliche Steigerungsraten von über 100%. Das kann nicht ohne Wirkung auf das Verbraucherverhalten der Bürger bleiben.

Die globalen Lieferketten zeigen erhebliche Engpässe. Man spricht bereits von einem Zusammenbrechen. Die deutsche und die europäische Wirtschaft dürfen sich nicht einseitig auf die USA und China ausrichten. Viele bilaterale Abkommen helfen hier weiter.

Der erhebliche Chipmangel hat bereits zu erheblichen Produktionsausfällen und zu Kurzarbeit, besonders in der Autoindustrie, geführt. Der globale Weltmarkt leidet unter einer Mangelsituation bei Rohstoffen, im Personalsektor und an Produktionskapazitäten in speziellen Branchen. Wir leben über unsere Verhältnisse.

Inzwischen sind weitere Monate vergangen. Wir befinden uns im ersten Quartal 2022. Das dritte Jahr der Corona-Krise hat begonnen. Die Infizierungen bewegen sich auf hohem Niveau. Sie haben sich inzwischen stabilisiert. Sie liegen am 6. März 2022 bei 116.882. Die Inzidenz-Ziffer beträgt 1.231,1. Der Verlauf wird zur Zeit von der „Omikron-Variante" bestimmt, die mit hoher Ansteckungsgefahr, aber auch mit abgeschwächtem Krankheitsverlauf verbunden ist.

Die Entscheidung des Bundestages über die Einführung einer Impfpflicht steht noch an (20. März 2022). Die Abgeordneten des Bundestages werden zur Gewissensentscheidung aufgefordert. Sie entscheiden ohne Fraktionszwang. Hoffentlich nutzen die Abgeordneten der Oppositionsparteien die Chance der gestaltenden Opposition. Wir brauchen eine Lösung, die von einer möglichst breiten Mehrheit des Bundestages getragen wird. Eine Impfpflicht, in welcher Form auch immer, ist für Deutschland hilfreich. Sie könnte den Verlauf der Corona-Krise im Jahr 2022, der 5. Welle, entscheidend bestimmen.

Die Zahl der Corona-Toten wird mit über 6 Millionen beziffert. Die Infizierten betreffen 446 Millionen Menschen. Von einer hohen Dunkelziffer wird ausgegangen. Die durchgeführten Impfungen liegen weltweit bei 10,6 Milliarden. Wir befinden uns weltweit noch mitten in der Corona-Pandemie.

Ein äußeres Ereignis hat das Krisenscenario grundsätzlich verändert. Ein neuer Zeitabschnitt der Weltgeschichte hat begonnen. Der russische Präsident Wladimir Putin hat am 23. Februar 2022 das Minsker Abkommen für gescheitert erklärt und die Selbständigkeit der ukrainischen Separatistengebiete Donezk und Luhansk anerkannt. Das russische Militär ist am 24. Februar 2022 in der Ukraine einmarschiert. Es hat das Land mit Bodentruppen, mit Luftangriffen und von der Seeseite von drei Seiten angegriffen. Putin selbst spricht von einem Sondereinsatz. Wer von Krieg redet oder Widerstand leistet, wird mit 15 Jahren Haft bestraft. In Europa herrscht Krieg.

Die westliche Welt hat besonnen reagiert. Das hat binnen weniger Tage zu einer einheitlichen Position in der NATO, der EU und in Gesamteuropa geführt, die über 20 Jahre bisher nicht möglich war. Der Zusammenhalt und die Hilfsbereitschaft sind überwältigend. Die Gegenwehr der Ukrainer ist enorm.

Es ist ein Umbruch eingetreten, der in dieser Konsequenz nicht erwartet werden konnte. Die westliche Welt unterstützt die Ukraine in vielfältiger Weise, vermeidet jedoch einen direkten Einstieg der NATO in die Kriegshandlungen.

Selbst Deutschland hat nach anfänglichem Zögern einen Paradigmenwechsel vollzogen und sich zu Waffenlieferungen an die Ukraine entschlossen. Ein Sonderetat von 100 Mrd. € wurde für die Bundeswehr bereitgestellt.

Putin führt Krieg gegen ein souveränes Land, in dem viele russische Landsleute leben. Die Kriegshandlungen dauern nun schon 4 Wochen. Es zeichnet sich ab, dass dieser Krieg auf absehbare Zeit nicht militärisch gelöst werden kann. Putin droht mit dem Einsatz von Atomwaffen. Der Westen hält ein umfassendes Wirtschaftsembargo als strategisches Instrument in der Hinterhand.

Die USA hat inzwischen mit dem Wirtschaftsembargo begonnen und die Ölimporte aus Russland gestoppt. Großbritannien folgt zum Jahresende. Deutschland und andere Staaten zögern noch wegen erheblicher Risiken auf dem Gebiet der Energieversorgung.

Wer von Kriegshandlungen bedroht wird, muss sich den Gefahren stellen, oder er hat von vornherein verloren. Es kann nicht sein, dass Deutschland aus wirtschaftlichen Gründen in der Rolle des Blockierers verharrt, obwohl zahlreiche Ökonomen und auch die Wissenschaftler der Leopoldina in München der Auffassung sind, dass die Energieversorgung für das Jahr 2022 erreicht werden kann.

Hier gibt es nur einen Weg, Deutschland muss ohne Einschränkungen zu dem Vorgehen des Westens stehen.

Inzwischen sind die Voraussetzungen für ein Einlenken Russlands und die Rückkehr zu Friedensverhandlungen gegeben. Russland befindet sich zunehmend in der Isolation. Der Ministerpräsident der Ukraine hat erklärt, dass ein Beitritt zur NATO nicht ansteht. Selbst China ist bereit, Friedensverhandlungen zu unterstützen. Erste Gespräche der Außenminister Russlands und der Ukraine haben bereits stattgefunden.

Setzen wir darauf, dass Russland einlenkt und zu ernsthaften Verhandlungen zurückfindet.

Wer rational denkt und handelt, setzt auf Vernunft und Freiheit.

ANHANG

Anhang 1: Rechtsreformen des 3. geopolitischen Systems

Rechtsreform der Europäischen Union

1. Keine Einstimmigkeit der Beschlüsse
2. Überarbeitung der Maastricht-Regeln

I. Die Reform des Staatsrechts

1. Keine „Zweitstimme" bei der Bundestagswahl
2. Kein Fraktionszwang der Parteien im Bundestag

II. Die Reform des Unternehmensrechts

1. Alle Unternehmen als eigene Rechtspersönlichkeit („Juristische Person")
2. Gewinn gehört der „Juristischen Person"/Keine Gewinnbesteuerung
3. Begrenzung der Haftung auf Kapitaleinlage (keine Haftung mit Privatvermögen)
4. Gewinnbeteiligung aller Mitarbeiter
5. Begrenzung der gesetzlichen Altersversorgung des Staates auf die Grundversorgung aller Bürger
6. Betriebliche Altersversorgung auf gesetzlicher Basis
7. Der neue Begriff „Eigenkapital des Unternehmens"
8. Bildung von „Humankapital"
9. Arbeitspflicht für alle
10. Keine Gewinnbesteuerung

III. Die Reform des Familienrechts

1. Kindererziehung als Arbeitszeit
2. Familien-Splitting
3. Drei Generationen-Familie als Risiko-Gemeinschaft

IV. Die Reform des Steuerrechts

1. Umsatzsteuer statt Mehrwertsteuer
2. Entnahmesteuer statt Gewinnsteuer
3. Familien-Splitting statt Ehegattensplitting

Die Trilogien des 3. geopolitischen Systems

Seite

ANHANG 3

Literaturverzeichnis

1. Erich Gutenberg, Grundlagen der Betriebswirtschaftslehre, Erster Band: Die Produktion, 24. Auflage, 1983, Springer Verlag, Berlin, Heidelberg, New York.
2. Thomas Piketty, Kapital und Ideologie, Deutsche Ausgabe 2020, Verlag: C.H, Beck, München.
3. Dirk Rossmann, Der neunte Arm des Oktopus, 2020, Verlag Gustav Lübbe, Köln.
4. Klaus Vieweg, Hegel, Der Philosoph der Freiheit, 2. Auflage, 2020, Verlag C. H. Beck, München.
5. Kurt Thielmann, Etwas ist faul im Staate D ..., 1. u. 2. Auflage, 2007, August von Goethe Verlag, Frankfurt/Main.
6. Der Neue Brockhaus, 3. Auflage, 1960, Wiesbaden.
7. Grundgesetz, 23. Auflage 1958, Verlag C. H. Beck, München u. Berlin.
8. Handelsgesetzbuch, 43. Auflage, 1965, Verlag C. H. Beck, München u. Berlin.
9. Handelsgesetzbuch, 65. Auflage, 2020, dtv Verlagsgesellschaft, München.
10. Aktiengesetz vom Januar 1937, Verlag C. H. Beck, München u. Berlin.
11. Aktiengesetz GmbH Gesetz, 48. Auflage, 2020, dtv Verlagsgesellschaft, München.
12. Die Frankfurter Allgemeine Zeitung, laufende Ausgaben einschließlich der Sonntagszeitung.

ANHANG 4

Der Autor

Kurt Thielmann wurde am 26. Mai 1935 in Mittenaar-Offenbach, Mittelhessen, geboren. Dort ging er während des II. Weltkrieges zur Volksschule. Nach Kriegsende besuchte er weiterführende Schulen in Herborn, Dillenburg und Gießen. Nach dem Abitur begann er 1955 ein Studium der Betriebswirtschaftslehre an der Johann-Wolfgang-von-Goethe-Universität in Frankfurt/Main, das er 1959 mit dem Examen abschloss. Im Jahre 1960 übernahm er eine wissenschaftliche Assistentenstelle am Institut für Handelsbetriebslehre dieser Universität.

Nach der Promotion zum Dr. rer.pol zum Ende des Jahres 1963 wechselte er im Frühjahr 1964 in die freie Wirtschaft. Sein beruflicher Weg führte ihn in einem DAX-Konzern über Frankfurt nach Nürnberg. Nach einem Zwischenstopp in der Heimat (von 1977 bis 1985) wechselte er beruflich nach Köln.

Während seiner über 30-jährigen Berufszeit begleitete er Führungspositionen in einem DAX-Konzern der Elektroindustrie, einem Handelsfilialbetrieb und einem DAX-Konzern mit mehreren Tätigkeitsbereichen.

Als aktiver Sportler – Fußball, Tennis, Golf – war er über 60 Jahre in zahlreichen Ehrenämtern tätig, vornehmlich im sportlichen Bereich.

Während seiner Kölner Zeit war er als Mitglied des Vorstandes viele Jahre für das Ressort Finanzen im dortigen Arbeitgeberverband der Metall- und Elektroindustrie tätig.

Seit 2009 wohnt der Autor in Dillenburg (Hessen).

Sein Motto lautet:

***„Habe Mut, dich deines eigenen
Verstandes zu bedienen"!***

*Das Motto ist ein Ausspruch des Philosophen
Immanuel Kant (1724–1804).*

Der Autor

Kurt Thielmann wurde am 26. Mai 1935 in Mittenaar-Offenbach, Mittelhessen, geboren.

Nach dem Abitur begann er 1955 ein Studium der Betriebswirtschaftslehre in Frankfurt/Main, das er 1959 abschloss. Im Jahre 1960 übernahm er eine wissenschaftliche Assistentenstelle.

Nach der Promotion zum Dr. rer.pol 1963 wechselte er im Frühjahr 1964 in die freie Wirtschaft.

Während seiner über 30-jährigen Berufszeit bekleidete er Führungspositionen in einem DAX-Konzern der Elektroindustrie, einem Handelsfilialbetrieb und einem DAX-Konzern mit mehreren Tätigkeitsbereichen.

Der Vater von drei Kindern ist in zweiter Ehe verheiratet. Als aktiver Sportler – Fußball, Tennis, Golf – war er über 60 Jahre in zahlreichen Ehrenämtern tätig, vornehmlich im sportlichen Bereich.

Während seiner Kölner Zeit war er als Mitglied des Vorstandes viele Jahre für das Ressort Finanzen im dortigen Arbeitgeberverband der Metall- und Elektroindustrie verantwortlich.